九州文库

弗洛姆人的生存方式理论研究

李怀征 著

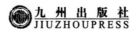

九州出版社
JIUZHOUPRESS

图书在版编目（CIP）数据

弗洛姆人的生存方式理论研究／李怀征著. --北京：
九州出版社，2022.3
ISBN 978-7-5225-0851-1

Ⅰ.①弗… Ⅱ.①李… Ⅲ.①弗洛姆（Fromm，
Erich 1900-1980）—哲学思想—研究 Ⅳ.①B712.59

中国版本图书馆 CIP 数据核字（2022）第 038764 号

弗洛姆人的生存方式理论研究

作　　者	李怀征　著	
责任编辑	黄瑞丽	
出版发行	九州出版社	
地　　址	北京市西城区阜外大街甲 35 号（100037）	
发行电话	（010）68992190/3/5/6	
网　　址	www.jiuzhoupress.com	
印　　刷	唐山才智印刷有限公司	
开　　本	710 毫米×1000 毫米　16 开	
印　　张	11.5	
字　　数	120 千字	
版　　次	2022 年 3 月第 1 版	
印　　次	2022 年 3 月第 1 次印刷	
书　　号	ISBN 978-7-5225-0851-1	
定　　价	85.00 元	

目 录
CONTENTS

导　论

一、研究的缘起与意义

（一）研究缘起

中国是社会主义国家，在文化上，我们有中华优秀传统文化、红色革命文化、社会主义先进文化的熏陶，有社会主义核心价值观的指引，因此，在社会风气与人的精神面貌方面，总体健康、主流良好。然而，由于目前我国正处在思想大活跃、观念大碰撞、文化大交融的时代，不可避免地会出现一些问题。在 2014 年 10 月召开的文艺工作座谈会上，习近平指出："其中比较突出的一个问题就是一些人价值观缺失，观念没有善恶，行为没有底线，什么违反党纪国法的事情都敢做，什么缺德的勾当都敢做，没有国家观念、集体观念、家庭观念，不讲对错，不问是非，不知美丑，不辨香臭，浑浑噩噩，穷奢极欲。"① 可以看出，这是人的生存方式出现了问题。探究问题出现的根源以及寻找有效的解决路径，成为新时代加强精神文明建设，顺利推进改革开放和社会主义现代化建设必须攻克的难题。正如邓小平所言："风气如果坏下去，经济搞成功又有什么意义？会在另一方面变质。"② 至于如何看待和解决当前我国社会上出现的种种生存方式问题，诞生于 20 世纪 70 年代中期的弗洛姆人的生存方式理论确实能够在某种程度上为我国提供一些有价值的启示。以弗洛姆人的生存方式理论来看，当前我国社会上所出现的种种生存方式问题，类似于"重占有"的生存方式（the having mode）。对于这种生存方式的内涵要义、产生原因、种种表现、转变的可能性以及路径设想等，在人的生存方式理论中，弗洛姆一一进行了详细的阐述。因此，我们可以从弗洛姆人的生存方式理论中汲取解决当前我国社会上出现的种种生存方式的"重占有"倾向问题的智慧。

　　埃里希·弗洛姆（Erich Fromm）是一位享誉世界的学者，法兰克福学派的代表人物，同时也是弗洛伊德马克思主义的代表人物。他本身还是一位精神分析学家，毕生致力于将弗洛伊德的精神分析与马克思的理论结合起来，批判西方社会的种种弊病，以拯救陷入生存困境的现代人。他的思想充满了浓厚的人本主义色彩，出发点是人，最终归宿也是人。他的理论不仅有深度，更有温度。我国学界对弗洛姆思想的研究盛行于 20 世纪 80 年代至 90 年代初，随后趋

---

① 习近平. 在文艺工作座谈会上的讲话［M］. 北京：人民出版社，2015：22.
② 邓小平文选：第 3 卷［M］. 北京：人民出版社，1993：154.

于沉寂。就目前来说，弗洛姆已经不是我国学界研究的热点。但是经典的东西可以超越时空，虽然弗洛姆的理论不及弗洛伊德的精神分析学说，更不可能和马克思的思想媲美，然而，弗洛姆思想中那些闪烁的光辉将永远伴随人类前行。因为善于以通俗的语言表达深刻的道理，所以他对西方资本主义工业社会的批判一针见血、深入浅出。他对马克思的思想所做的人本主义解读虽有纰漏，却也并非乏善可陈。新时代，正确认识并有效解决我国社会上出现的一些生存方式的"重占有"倾向问题，是顺利推进改革开放和社会主义现代化建设的题中之义。显然，从弗洛姆的思想中，我们必然能够找寻到一些有价值的启示。

（二）研究意义

第一，理论意义。国内对弗洛姆思想的研究，主要集中于异化理论、自由理论、人本主义思想、健全社会思想、爱的理论、社会性格与社会无意识理论等。这些虽是弗洛姆思想的主要方面，但并不意味着弗洛姆其他方面的思想不重要。弗洛姆其他方面的思想也在人类的思想库中熠熠闪亮，尤其是他的人的生存方式理论。鉴于国内对弗洛姆人的生存方式理论的研究比较少，甚至可以说凤毛麟角，因此，笔者的研究是对弗洛姆人的生存方式理论研究的充实与丰富。

第二，实践意义。在社会主义现代化建设的进程中，我国的精神文明建设取得了重大成就，尤其在社会主义核心价值观的指引下，社会风气良好，人们的精神面貌积极乐观、健康向上。然而，随着我国改革开放的进一步深入，在社会风气、人的精神面貌等方面，也存在一些与社会主义核心价值观不和谐的现象。如何认识这一问题，并切实解决这一问题，以推进新时代中国特色社会主义精神文明建设，弗洛姆人的生存方式理论具有重大的实践价值。

二、国内外研究综述

（一）国内研究综述

在介绍国内关于弗洛姆人的生存方式理论的研究现状之前，我们先大致了解一下国内关于弗洛姆思想的研究状况。在中国知网以篇名（题名）搜索弗洛姆，截至 2020 年 12 月，期刊论文有 449 篇，博硕论文有 180 篇。国内学者对弗洛姆思想的研究可以大致分为二十三个维度（见表 0-1）。

表 0-1　弗洛姆思想研究维度统计一览表

序号	研究维度	硕博论文	期刊论文	总计
1	异化理论	32	88	120
2	自由理论	30	81	111
3	人本主义思想	28	71	99
4	健全社会思想（社会批判理论）	22	36	58
5	爱的理论	17	41	58
6	人性理论	11	15	26
7	社会性格与社会无意识理论	11	42	53
8	教育思想	4	8	12
9	技术人道化思想	4	7	11

序号	研究维度	硕博论文	期刊论文	总计
10	对《马克思论人》的评析	4	8	12
11	生存方式理论	4	3	7
12	意识形态理论	3	3	6
13	社会主义思想	2	7	9
14	美学思想	2	0	2
15	人的破坏性理论	1	3	4
16	幸福观	1	2	3
17	道德思想	1	6	7
18	信仰理论	1	1	2
19	历史唯物主义观	1	3	4
20	孤独理论	1	2	3
21	宗教思想	0	5	5
22	梦的解析理论	0	2	2
23	弗洛姆研究综述	0	2	2
24	其他	0	13	13
	总计	180	449	629

由表 0-1 可以看出，弗洛姆的异化理论、自由理论、人本主义思想、健全社会思想、爱的理论、社会性格与社会无意识理论是国内学者研究的重点，研究成果相对来说比较多。但这并不意味着弗洛姆其他方面的思想就不重要。基于对现实的考量和自身的兴趣，笔者拟对弗洛姆人的生存方式理论进行深入系统研究。

截至 2020 年 12 月，国内学界对弗洛姆人的生存方式理论的专题研究，只有 3 篇期刊论文，3 篇硕士论文，1 篇博士论文，没有专著。三篇期刊论文为徐艳的《弗洛姆的生存思想对我国转型时期社会建设的启示》、张方方的《弗洛姆〈占有还是生存〉解读》、袁贺的《论弗洛姆的生存观》，三篇硕士论文为左丹华的《占有还是存在——弗洛姆社会批判理论研究》、厉希超的《弗洛姆生存思想研究》、于嘉龄的《弗洛姆的存在观研究》，一篇博士论文为陈悦的《弗洛姆关于人的生存方式理论研究》。三篇期刊论文的内容相似，都是在具体梳理弗洛姆关于人的两种生存方式理论的基础上，指出其对我国社会主义现代化建设的现实启示意义。下面分别对四篇硕博论文作一介绍与评析。

左丹华的硕士论文《占有还是存在——弗洛姆社会批判理论研究》分为三个部分。第一部分具体阐述了两种不同的生存方式。第二部分则论述了弗洛姆生存方式理论的四个前提，即人道主义原则、异化理论、社会性格理论、弗洛姆社会批判的方法等。最后一部分指出了弗洛姆生存方式理论的主旨——新人与新社会，即弗洛姆以心理分析的方法对生存方式进行研究，其最终目的是建立一种"人道主义伦理学"，并在此基础上促成"健全的社会"的建立。[1]

厉希超的硕士论文《弗洛姆生存思想研究》分为四个部分。第一部分从成长经历、时代背景、理论来源三个方面论述了弗洛姆生存思想的背景。第二部分阐述了弗洛姆生存思想的内涵。第三部分论述了弗洛姆思想的局限性。作者指出，弗洛姆的生存思想存在三个方面的局限性，一是方法论的局限性，即抽象的人性论和不可行

---

[1] 左丹华. 占有还是存在——弗洛姆社会批判理论研究 [D]. 复旦大学，2012.

的微观革命论；二是现实的局限性，即对消费型社会认识的缺陷和对异化扬弃的不切实际；三是弗洛姆的生存思想具有内在矛盾，即其是一种唯心主义的生存观，存在逻辑上矛盾（这种生存理论既包含唯物主义成分，也包含唯心主义成分，既包含理性主义成分，也包含非理性主义成分），弗洛姆关于人的生存方式转变的路径带有改良主义色彩。第四部分阐述了弗洛姆生存思想的理论价值和当代意义。①

于嘉龄的硕士论文《弗洛姆的存在观研究》共计四章。第一章介绍了弗洛姆存在观的主要思想渊源。第二章论述了弗洛姆存在观的内涵、特征与定位。结合弗洛姆存在观的内涵，作者指出弗洛姆存在观的特征是生产性、审美性、自发性。至于弗洛姆存在观的定位问题，作者强调，这是弗洛姆形成其理论的方法论基础。第三章阐述了弗洛姆存在观的内在理论结构。作者认为，弗洛姆存在观是弗洛姆批判理论的核心，是个体精神维度的建构，是判析资本主义精神状况的依据。第四章是对弗洛姆存在观的当代理论意义的论述。②

陈悦的博士论文《弗洛姆关于人的生存方式理论研究》是在陈学明教授的指导下完成的，共分为七个部分。第一部分是对弗洛姆人的生存方式理论形成背景的介绍。第二部分阐述了弗洛姆人的生存方式理论的哲学基础——马克思人的理论。第三部分界定了弗洛

---

① 厉希超. 弗洛姆生存思想研究［D］. 武汉理工大学，2013.
② 于嘉龄. 弗洛姆的存在观研究［D］. 海南师范大学，2020.

姆关于人的两种生存方式的概念。第四部分论述了弗洛姆对"重占有"生存方式的批判。第五部分是对如何实现从"重占有"的生存方式到"重存在"的生存方式的路径设想。在第六部分,作者把弗洛姆人的生存方式理论与卢卡奇(György Lukács)对物化世界的批判、马尔库塞(Herbert Marcuse)对单向度人的批判理论、哈贝马斯(Jürgen Habermas)对生活世界殖民化的批判理论作了细致比较。最后一个部分,作者论述了弗洛姆的生存方式理论对当代中国新的生活方式构建的启示意义。①

总体来看,7 篇文章都对弗洛姆人的生存方式理论作了梳理,所不同的是几位作者的梳理角度不同。如厉希超的硕士论文指出了弗洛姆人的生存方式理论的局限性,陈悦的博士论文则把弗洛姆人的生存方式理论与卢卡奇、马尔库塞、哈贝马斯的相关理论作了一个比较。笔者拟在 7 篇文章以及其他学者的研究基础上,对弗洛姆人的生存方式理论作进一步深入研究。

(二)国外研究综述

国外对弗洛姆的研究虽然呈现出多视角、宽领域与深程度的特征,但主要集中在心理学、伦理学与宗教学等领域,尤以在心理学领域的研究最为突出。究其原因在于,弗洛姆在西方主要被视为新弗洛伊德主义的重要代表人物和精神分析社会文化学派的创始人与集大成者。国外研究弗洛姆的文章,大致可以归为如下类别:

---

① 陈悦.弗洛姆关于人的生存方式理论研究[D].复旦大学,2013.

1. 对弗洛姆心理学思想的研究

诺曼·加布里埃尔（Norman Gabriel）认为，弗洛姆的社会性格概念是一个重大的理论创新，它把精神分析理论置于社会学的背景之中。借助于这一概念，弗洛姆解释了社会和个人之间相互作用的机制。受马克思的影响，弗洛姆过分强调了社会性格形成过程中的经济社会决定因素，尤其是社会阶层的影响。在弗洛姆看来，社会性格是社会阶级或社会阶层中的人群社会化的结果。而社会阶级或社会阶层又是由历史和社会经济条件形成的。① 丹尼尔·伯斯顿（Daniel Burston）指出，总体来说，弗洛姆的心理学理论继承了弗洛伊德的精神分析学说，除了不认同力比多理论以外，弗洛姆对于弗洛伊德的心理学理论的批判并不是太多。弗洛姆所做的工作，主要是从整个社会的大背景下来阐述弗洛伊德的精神分析。他试图从社会的角度为个体的一些精神上的病症（如神经官能症）找到合理的病因。可以说，弗洛伊德是从个体的角度出发来研究神经官能症，而弗洛姆则试图从社会的角度为个体的神经官能症找到解药。②

2. 对弗洛姆伦理学思想的研究

杰里米·德查韦斯（Jeremy De Chavez）认为，弗洛姆在《爱的艺术》中虽然提出了爱是一门集知识、情感、实践于一体的艺术，但是，他并没有提出相关的、实际的实践方法。对于弗洛姆"爱的本质是给予"的观点，杰里米·德查韦斯提出了质疑。他认为，弗洛姆而是一个

① Norman Gabriel. "Growing Up in Society-A Historical Social Psychology of Childhood" [J]. *Historical Social Research*, 2017, 42（4）：207-226.

② Daniel Burston. "A Profile of Erich Fromm" [J]. Society, 1991, 28（4）：84-89.

虚空的概念。① 伊恩·雷蒙德·B. 帕金（Ian Raymond B. Pacquing）指出，弗洛姆分析了人是如何与真实的自我相分离，而变成一个异化了的人。异化的人只能将注意力外在化，集中于外在的东西。这种转移暂时缓解了个人的无力感和孤独感。同时，这种转移也使人形成了受虐性格，自愿屈服于外在的力量，从而丧失了人的个性。弗洛姆的研究致力于将人从这种异化状态解放出来，不断发展自身的潜能。对于弗洛姆来说，他的人本主义伦理学就是能够引导人们进入自由状态，从而实现自我潜能的学说。②

3. 对弗洛姆社会批判理论的研究

Б. А. 库尔金认为，弗洛姆的思想是对当代资本主义社会民主政治制度所做的文化批判。然而遗憾的是，由于没有揭露当代资本主义制度矛盾的本质，因此，他必然使自己扮演对现存制度进行纯表面批判的理论家的角色，其批判主义丧失了革命精神，即真正的批判精神，因此很容易和当代资产阶级自由派的思想体系连成一体。③迈克尔·班贝里（Michael Bambery）和史蒂文·阿贝尔（Steven Abell）在重新审视和考察弗洛姆有关人的本质与异化（包括经济异化、政治异化与社会异化等）思想后提出，弗洛姆对资本主义富有争议的批判及其对于人精神生活的影响，在今天更具有重要的现实

---

① Jeremy De Chavez. "Reading Erich Fromm's The Art of Loving, or Why Loving Means Giving Nothing"［J］. KRITIKE：An Online Journal of Philosophy, 2015, 9（2）：143-160.

② Ian Raymond B. Pacquing. "The Power of Man in Fromm's Humanistic Ethics"［J］. KRI-TIKE：An Online Journal of Philosophy, 2013, 7（2）：33-49.

③ Б. А. 库尔金. 弗洛姆的人道主义乌托邦［J］. 舒白，译. 哲学译丛，1983（4）：37-44.

意义，弗洛姆的学术成果是促使精神病理学的范式转换成整体性与生态性视角的重要催化剂。①

4. 对弗洛姆人的生存方式理论的研究

在 EBSCO 和 ProQuest 数据库对弗洛姆人的生存方式理论研究进行搜索，只搜索到了三篇文章。一篇文章是对这一理论本身的研究，另外两篇侧重于这一理论的实际应用。泽诺·戈佐（Zeno Gozo）的《存在与占有之间的现代人》是对弗洛姆人的生存方式理论本身进行的理论研究。作者根据弗洛姆提供的主要轴线，对"占有"和"存在"两种范式进行了详细的阐述。② 约翰·R. 埃伦菲尔德（John R. Ehrenfeld）利用弗洛姆人的生存方式理论，阐述了可持续性的定义和可持续性发展战略。作者认为，弗洛姆的《占有还是存在》是一本非常有先见之明的书，他站在一个精神分析学家的立场，指出了可持续这一概念的核心所在。在弗洛姆看来，病态的"重占有"的生存方式已经成为现代工业文化的核心，唯有转向"重存在"的生存方式，才能拯救人类及其生活的自然世界。以弗洛姆人的生存方式理论为基础，作者提出了三大可持续发展战略——理性主义战略、自然主义战略和人本主义战略。③ 玛丽亚·A. 卡拉斯科（Maria

---

① Michael Bambery, Steven Abell. "Relocating the Nexus of Psychopathology and Treatment: Thoughts on the Contribution of Erich Fromm to Contemporary Psychotherapy" [J]. *Journal of Contemporary Psychotherapy*, 2006, 36（4）: 175-182.

② Zeno Gozo. The Modern Man between Existence and Possession [J]. Philobiblon: Transylvanian Journal of Multidisciplinary Research in Humanities, 2013, 18（2）: 245-259.

③ John R. Ehrenfeld. Being and Havingness [J]. Forum for Applied Research and Public Policy, 2000, 15（4）: 35-39.

A. Carrasco) 和乌萨玛·比拉勒 (Usama Bilal) 在《时代的标志: 占有还是存在? 社会资本还是社会凝聚力》中, 简要概述了社会资本和社会凝聚力概念化的演变过程。作者认为, 社会资本与"占有"相关, 而社会凝聚力与"存在"相关, 对社会资本的强调与着重导致了与社会凝聚力相反的个体化倾向。除了语义学之外, 关注"占有"和"存在"的实践意义还包括对理解如何使群体正常化的强调和着重, 而不是为这些群体提供促进其心理健康的空间。[①]

5. 对弗洛姆其他方面理论的研究

尼古拉斯·C. 辛格尔 (Nicholas C. Zingale) 和贾斯汀·T. 皮科雷利 (Justin T. Piccorelli) 认为, 正是那些对积极自由不自信的个体, 试图通过尽可能多的物质性的占有来消除自身对于不自由的恐惧。因而, 世人所拥有的只是建立在重占有生存方式基础上的消极自由, 而非真正代表人之创造性的积极自由。[②] 列奥尼达·K. 切里奥蒂斯 (Leonidas K. Cheliotis) 通过对比弗洛姆和皮埃尔·布尔迪厄 (Pierre Bourdieu) 的思想来揭示弗洛姆思想的本质。就方法而言, 皮埃尔·布尔迪厄更多地关注主导个体或群体判断和行为的认知结构及其产生和再生的社会政治过程。而弗洛姆却更多地强调两样东西: 一是个体

[①] Maria A. Carrasco, Usama Bilal. A sign of the times: to have or to be? Social capital or social cohesion? [J]. Social Science & Medicine, 2016, 159: 127-131.

[②] Nicholas C. Zingale, Justin T. Piccorelli. Chains of Freedom: A View from Erich Fromm on Individuality Within Organizations [J]. Administrative Theory & Praxis, 2012, 34 (2): 211-236.

认知与社会结构之间的关系；二是人类心智的先天结构。①

6. 研究弗洛姆的专著分析

德国心理分析学家雷纳·冯克（Rainer Funk）是弗洛姆文化遗产的合法监管人，其研究弗洛姆的代表作《弗洛姆的生平与思想》详细地介绍了弗洛姆的一生境遇与思想历程。② 在《弗洛姆：作为人类的勇气》一书中，雷纳·冯克对弗洛姆的宗教思想与人道主义伦理学进行了系统介绍，并给予了很高的评价。③

美国著名哲学家路德·J. 宾克莱（Luther J. Binkley）在《理想的冲突——西方社会中变化着的价值观念》一书中认为，弗洛姆对现代人困境的诊断，是他的思想的高峰。他进一步指出，弗洛姆的思想主要是一种价值判断，是要为人的自我实现指明方向：人性是社会文化的产物，同时人在对社会的反应中能够改变社会而不是被社会所塑造。④

20 世纪 90 年代初，加拿大约克大学丹尼尔·伯斯顿教授出版了《弗洛姆的遗产》一书，比较客观地介绍了弗洛姆写作的社会、政治、经济与学术背景。他断言，弗洛姆的学术贡献在其逝世后一直被许多

---

① Leonidas K. Cheliotis. For a Freudo－Marxist critique of social domination：Rediscovering Erich Fromm through the mirror of Pierre Bourdieu ［J］. Journal of Classical Sociology, 2011, 11（4）：438-461.

② Rainer Funk. Erich Fromm：His Life and Ideas ［M］. New York：Continuum, 2000.

③ Rainer Funk. Erich Fromm：The Courage to Be Human ［M］. New York：Continuum, 1982.

④ ［美］L. J. 宾克莱. 理想的冲突——西方社会中变化着的价值观念 ［M］. 马元德等，译. 北京：商务印书馆, 1983.

学者低估，甚至被学术界所忽视。丹尼尔·伯斯顿通过全面探索弗洛姆的思想，肯定了弗洛姆在精神分析与临床心理学上的历史地位和重要贡献。[①]

近年来，比较有代表性的关于弗洛姆的研究专著当属英国学者安妮特·汤姆森（Annette Thomson）博士的《埃里希·弗洛姆：人类生存境遇的探索者》。汤姆森博士通过对弗洛姆思想的几个关键方面（如人性、爱的艺术、社会异化以及心理治疗等）进行概述，以检验弗洛姆的思想在多学科相互关联以及 21 世纪社会文化发展的背景下的重要理论贡献。汤姆森博士认为，弗洛姆试图将有关人类存在的诸多思想脉络和矛盾纳入个体、爱与团结等人道主义主旨中来。他的这一尝试无论在范围上还是在适用性上都是很有特色的。弗洛姆对现状的批判是尖锐的，但他从未丧失乐观精神。[②]

综上所述，国外对弗洛姆的研究主要集中在精神分析与社会心理学领域。此外，对弗洛姆与弗洛伊德、马克思、法兰克福学派之间关系的研究，对弗洛姆的经济伦理与消费理论等方面的研究也有重要的成果。总体来看，国外对弗洛姆思想的研究是非常全面、深刻的，呈现出学科交融、主题交叉的研究趋势，并且能够将弗洛姆的思想应用于教育、预防犯罪与临床心理治疗等社会实践中。

---

① Daniel Burston. The Legacy of Erich Fromm ［M］. Cambridge：Harvard University Press, 1991.

② Annette Thomson. Erich Fromm：Explorer of the Human Condition ［M］. New York：Palgrave Macmillan, 2009.

三、研究思路与研究方法

（一）研究思路

本书将按照弗洛姆人的生存方式理论的主要内容、弗洛姆人的生存方式理论评析、弗洛姆人的生存方式理论的时代启示的逻辑顺序依次展开。其中，弗洛姆人的生存方式理论的主要内容包括：弗洛姆人的生存方式理论创立的时代背景和思想渊源、弗洛姆关于人生存的两种方式、弗洛姆对"重占有"生存方式的批判、弗洛姆对实现"重存在"生存方式的路径设想。本书研究思路如图 0-1 所示。

（二）研究方法

第一，辩证唯物主义与历史唯物主义的研究方法。辩证唯物主义与历史唯物主义不仅是理论，也是重要研究方法。唯有站在辩证唯物主义与历史唯物主义的立场，从辩证唯物主义与历史唯物主义的视角，运用辩证唯物主义与历史唯物主义的方法论进行的研究，才称得上是科学的研究。因此，本书将在马克思主义的指导下，运用辩证唯物主义与历史唯物主义的研究方法，对弗洛姆人的生存方式理论进行深入研究。

第二，文献研究法。弗洛姆的著作以及其他学者关于弗洛姆人的生存方式理论的研究成果，将是深入研究弗洛姆人的生存方式理论的文献基础。因此，笔者对弗洛姆的所有著作以及其他学者关于弗洛姆人的生存方式理论的研究成果进行系统的研读与梳理。

图 0-1　本书研究思路

第三，跨学科研究法。弗洛姆人的生存方式理论涉及马克思主义、心理学、哲学、政治学、宗教学，要想深入推进弗洛姆人的生存方式理论研究，必须要综合马克思主义、心理学、哲学、政治学、宗教学等学科的知识。

第四，比较研究法。研究弗洛姆人的生存方式理论，必然涉及弗洛姆与马克思、弗洛伊德思想的对比。比较三人思想的相同点与不同之处，也是推进弗洛姆人的生存方式理论研究的题中之义。

四、研究的重难点与创新

（一）研究的重难点

研究的重点在于建构一个完整而系统的弗洛姆人的生存方式理论。弗洛姆人的生存方式理论除集中体现在《占有还是存在》《存在的艺术》这两本书中，还散见在《健全的社会》《论不服从》等其他著作中。因此，如何从弗洛姆的所有著作中完整而系统地构建出人的生存方式理论，既是研究的一个重点，也是研究的一个难点。只有在构建完整而系统的弗洛姆人的生存方式理论的基础上，才能够对这一理论进行公正而客观的评价，从而取其精华、去其糟粕，总结出这一理论对新时代我国社会主义现代化建设的启示。

研究的难点有三：其一，建构完整而系统的弗洛姆人的生存方式理论。其二，客观而公正地评价弗洛姆人的生存方式理论。任何一个理论都是特定的人在特定的时代背景下提出的，既有独特的价值，同时亦会有其局限性。弗洛姆人的生存方式理论也是如此。因此，如何客观而公正地看待弗洛姆人的生存方式理论，是研究的一个难点所在。其三，弗洛姆人的生存方式理论对新时代我国社会主义现代化建设的启示。研究一个理论，我们不仅要搞清楚、弄明白理论本身的内涵，也要分析其现实意义，是谓"学以致用""经世致用"。虽然弗洛姆人的生存方式理论创立于 20 世纪 70 年代的西方资本主义社会，但其价值和意义并不局限于彼时彼地，其对新时代我国社会主义现代化建设具有重要的启示意义。深入挖掘弗洛姆人的生存方式理论对当前中国的启示意义，是研究的又一个难点。

（二）创新之处

20 世纪 80 年代和 90 年代初，中国学界虽然掀起了一股研究弗洛姆思想的热潮，但时至今日，中国学者关于弗洛姆人的生存方式理论的专门研究依然比较少。因此，笔者的研究，将有利于进一步充实国内学界对弗洛姆人的生存方式理论的研究。总结起来，本书的创新之处有：

第一，比较系统、全面地梳理了弗洛姆人的生存方式理论。弗洛姆人的生存方式理论主要集中在他的著作《占有还是存在》《存在的艺术》两本书中，并散见在其他著作之中，比如《健全的社会》《为自己的人》等。笔者按照一定的逻辑顺序，对弗洛姆人的生存方式理论进行了比较系统、全面的梳理。

第二，比较客观地评价了弗洛姆人的生存方式理论。笔者以马克思主义理论为指导，从价值与局限两个方面评价了弗洛姆人的生存方式理论。笔者认为，弗洛姆人的生存方式理论虽然远远不及马克思的理论，但在一定程度上揭示了当今资本主义社会人的生存方式的核心本质，为人类生存方式的转变提供了一定的启示，其对"重占有"生存方式的批判也比较深刻地揭露了当今资本主义社会存在的弊病。但是弗洛姆人的生存方式理论中关于生存方式转变的路径设想，大部分不具有可操作性，其提出的改良主义道路终将是一场镜花水月。

第三，正确看待当前我国社会上出现的一些生存方式的"重占有"倾向问题。笔者用辩证唯物主义和历史唯物主义论证了阶级社会的发展建立在一定的代价基础之上，当前我国社会上出现的一些生存方式的"重占有"倾向问题不过是在我国改革开放、发展社会主义市场经济的过程中，由海外先进管理经验的新鲜空气等带进来的蚊子和苍蝇而已。因此，对于当前我国社会上出现的一些生存方式的"重占有"倾向问题，我们要正确看待、合理对待。我们所能做的、所必须做的就是想方设法将其限制在最小的范围内。

第四，用弗洛姆人的生存方式理论论证了我国大力弘扬社会主义核心价值观、加强思想道德建设、传承中华优秀传统文化、推动形成绿色发展方式和生活方式的必要性和重要意义。

第一章

弗洛姆人的生存方式理论创立的
时代背景和思想渊源

第一节　弗洛姆的成长经历

要想准确地理解一个人的思想，就必须要全面地了解这个人的成长经历。正如弗洛姆所言，"如果一个人要问自己，他是怎样对那些注定要在他一生中占有重要地位的思想领域发生兴趣的话……没有一部详细的史料性自传，恐怕是不可能找到问题答案的"。① 因为一个人的思想必然发端于这个人的成长过程，并随着成长过程而不断地发展。可以说，成长过程是孕育一个人思想的土壤。弗洛姆的思想亦是如此。因此，要想准确地理解弗洛姆人的生存方式理论，系统梳理他的成长经历，全面把握他的思想轨迹，是必须要做的准备工作。

---

① Erich Fromm. Beyond the Chains of Illusion：My Encounter with Marx and Freud ［M］. New York：Continuum，2009：1.

一、童年与求学时期

1900 年 3 月，弗洛姆出生于德国法兰克福的一个犹太人家庭，是一名独生子。弗洛姆的大家庭可以称得上书香门第，极为重视教育。他的曾祖父和祖父都是受人尊敬的拉比。外祖父的兄弟是塔木德学校的著名学者。虽然弗洛姆的父亲不是拉比，而是一名酒商，但他却拥有渊博的宗教知识，并积极投身于犹太社区的工作。可以看出，弗洛姆的家族是一个重视知识、重视学习的家族，出生在这样的家族，弗洛姆自然会受到这种良好氛围的熏陶，从小就对知识有着强烈的渴求。

作为家中的独生子，弗洛姆自然会受到父母的宠爱，可是对于备受宠爱的童年，弗洛姆并没有一个美好的感受和回忆。在他的记忆中，父亲脾气暴躁，做事情谨小慎微，有些神经质症状；而母亲是一个有些自恋和占有欲的人，未受过正规教育，不是一个性格欢快的人，给人的印象是情绪比较低落，郁郁寡欢。母亲似乎有一个钢琴家的梦想，并把这个梦想寄托在弗洛姆身上，因此，在弗洛姆很小的时候，就让他练习钢琴。受父母性情的影响，弗洛姆并未拥有一个让自己感到愉快的童年。从 6 岁开始，一直到 18 岁高中毕业，弗洛姆就读于同一所学校——沃勒学校。这所学校的一个特点是犹太学生的占比超过五分之一，人数众多。除了上学以外，弗洛姆接触最多的，就是父母和家里的亲戚，似乎是一个典型的宅男，这使得弗洛姆的朋友和玩伴以犹太人居多。受家庭和教育环境的影响，弗洛姆的性格有些敏感、柔弱、孤僻。似乎正是这些特质，造就了弗洛姆非凡的洞察力和深邃的思考力。弗洛姆从小就有强烈的好奇心和求知欲，尤其对隐藏在人之行为背后的心理动机有浓厚兴趣。

在《在幻想锁链的彼岸》一书中，弗洛姆记述了一件让他心灵倍感震撼的事情。这件事发生在他 12 岁那年。弗洛姆家有一位朋友，这个朋友是一个大约 25 岁的女画家，漂亮、温婉、优雅，极富有魅力和吸引力。在弗洛姆的记忆中，这个女画家始终陪伴在她年迈的丧偶的父亲身边，为了能够长久如此，她还在订婚不久后就解除了婚约。在弗洛姆看来，她的父亲不仅其貌不扬，而且索然无味，就这样一个老头居然能对自己心中的女神产生长久而强烈的吸引力。有一天，一个消息的传来彻底震撼了少年弗洛姆的心灵，那位女画家在自己的父亲过世后不久选择自杀，而且留下遗书希望能和自己的父亲合葬。可以想象，一个 12 岁的少年，面对着这样的事情，他的心灵受到的是怎样的冲击。这也为日后弗洛姆对弗洛伊德的精神分析学说产生兴趣埋下了最大的伏笔。

1918 年，时年 18 岁的弗洛姆告别了高中生涯，正式进入法兰克福大学攻读法学。不久，便转入海德堡大学攻读心理学、哲学和社会学。在海德堡大学，弗洛姆遇到了包括导师阿尔弗雷德·韦伯（Alfred Weber）、心理学家 G. 格罗代克（G. Grodek）等在内的几位对自己影响深远的良师。在大学期间，弗洛姆专心致学，涉猎广泛，一接触马克思的理论，便一见如故，开始深入阅读与钻研。1922

年，凭借论文《犹太律法对三个离散犹太人社区保持凝聚力的贡献》，年仅 22 岁的弗洛姆获得了海德堡大学的哲学博士学位。在大学期间，弗洛姆还结识了年长自己 11 岁的弗里达·赖希曼（Frieda Reichmann），并与其确立了恋爱关系。赖希曼毕业于德国哥尼斯堡大学医学专业，接受过精神分析的训练。也就是在与赖希曼的交往过程中，弗洛姆接触到了影响自己一生的精神分析学说，赖希曼是弗洛姆的启蒙导师。他们经常一起去巴登巴登拜访心理学专家 G. 格罗代克，在拜访期间，他们还结识了卡伦·霍妮（Karen Danielsen Horney）和桑多尔·费伦齐（Sándor Ferenczi）。1926 年 6 月，时年 26 岁的弗洛姆与时年 37 岁的赖希曼结婚。遗憾的是，仅仅 5 年，两人就开始分居，分居后 10 年，两人正式离婚。但是，婚姻的结束并没有终结两人的友谊，直至赖希曼去世，两人都是好朋友。

毕业以后，弗洛姆在法兰克福市一家小型的犹太人报纸做编辑。1925—1927 年，在赖希曼的资助下，弗洛姆先后师从正统的弗洛伊德主义者威廉·维滕伯格（William Wittenberg）和卡尔·兰道尔（Carl Landauer）专门学习精神分析。1928—1929 年，弗洛姆又接受了两年的精神分析训练。通过系统的精神分析学习与训练，弗洛姆成了一名精神分析专家，并于 1930 年在柏林开设了一家精神分析诊所。自此以后，弗洛姆开始从医生涯和临床实践，成了一名专业的精神分析治疗师。

二、法兰克福大学社会研究所时期

1930 年，经好友洛文塔尔（Leo Lowenthal）介绍，弗洛姆接受了霍克海默（Max Horkheimer）的邀请，正式进入法兰克福大学社会研究所，成为法兰克福学派的一员。在研究所，弗洛姆主要从事精神分析和社会心理学的研究，致力于将马克思的理论与精神分析学说结合起来。1933 年，弗洛姆赴美讲学。次年，他与马尔库塞、洛文塔尔一起，帮助为躲避纳粹迫害而移居美国的霍克海默在纽约哥伦比亚大学重建了社会研究所。也就是这个时候，弗洛姆因肺结核再次发作，不得不到新墨西哥州的一家疗养院养病。在养病期间，弗洛姆与霍妮坠入爱河。霍妮是柏林大学医学博士，接受过系统的精神分析训练，是新弗洛伊德主义的代表人物。遗憾的是，这段维持了 9 年的恋情没有步入婚姻的殿堂。

从肺结核再次发作一直到 1939 年由于新药物的出现而彻底治愈，弗洛姆的病情很不稳定，使得他不得不去海边或者高海拔的地方去疗养，从而无法持续在社会研究所工作。然而即便是这样，弗洛姆依然兢兢业业，不断开展创造性研究工作，在社会批判理论方面做出了卓越贡献。然而，当 1939 年弗洛姆回到纽约后，却发现在社会研究所的地位已经岌岌可危。究其原因，在于弗洛姆一直致力于将弗洛伊德的精神分析学说与马克思的理论结合起来，用马克思的社会理论对弗洛伊德的精神分析进行了改造。霍克海默、阿多诺（Theodor Wiesengrund Adorno）、马尔库塞认为弗洛姆的改造是对弗洛伊德精神分析学说的偏离，是修正主义。对于霍克海默等人的指责，弗洛姆坚持自己的观点，毫不妥协。两者之间的矛盾不断加深。与同事的不睦，再加之此时阿多诺已经开始逐步掌管社会研究所事务，弗洛姆别无选择，愤然辞职。1939 年 1 月，弗洛姆离开了社会研究所。

三、自立门户时期

1941 年，《逃避自由》一书出版。这部被誉为社会心理学里程碑式的著作一经出版，便在社会上引起了极大轰动，一版再版。凭借这部著作，弗洛姆名声大噪，成了闻名遐迩的学者。这部书的问世，也标志着弗洛姆思想体系的形成。1944 年 7 月，弗洛姆再婚。他的第二任妻子名叫亨利·古兰德（Henny Gurland），曾是德国社会民主党党员，为躲避纳粹的迫害而逃到美国。亨利的关节炎非常严重，为减轻妻子的痛苦，弗洛姆接受了医生的建议，于 1950 年和妻子一起移居墨西哥首都墨西哥城。即便如此，亨利还是在两年后过世。1947 年，《自我的追寻》一书出版。这部书以心理学的视角探讨伦理学问题，内容新颖而独到，和《逃避自由》一样，也在社会上引起了极大反响，并一版再版。1951 年，弗洛姆成为墨西哥国立自治大学医学院教授，此后 20 余年，弗洛姆一直居住在墨西哥，在精神分析方面，为墨西哥做了很多开创性的工作。但他也时常去美国，往返于墨美之间，关注资本主义社会人的生存状况。1955 年，《健全的社会》出版，此书与《逃避自由》《自我的追寻》一起，构成了弗洛姆论述工业社会异化问题的三部曲。

第二任妻子过世以后，弗洛姆于 1953 年 12 月与安妮斯·弗里曼（Annis Freman）结婚。这是弗洛姆的第三次婚姻，也是最后一次婚姻。自此以后，两人携手，共度余生。弗里曼出生于美国，不仅身材高挑、气质迷人，而且富有才华，弗洛姆是她的第二任丈夫。两人结婚以后，举案齐眉，爱得火热，感情相当好。弗洛姆于 1956年写成的著作《爱的艺术》，显然离不开这段婚姻的启发。也就是说，这段婚姻为弗洛姆写成《爱的艺术》提供了重要素材。这本书后来被译成 50 多种语言，成为风靡一时的畅销书，直到现在依然有重要影响。

弗洛姆尽管认为自己的性格不适合参与政治活动，还是尽可能地参加了一些政治活动，这并不是因为他改变了对自己性格的认知和判断，而是因为他觉得应该为这个似乎正在日益走向自我毁灭的世界做些什么，而不是仅仅被动地置身于其中。[①] 除此之外，还有一个更加重要的原因，这个世界越是不健全，人们就越是有必要联合起来，与有使命感、有担当的人共同采取一些行动，为了人类社会的未来，为了人类共同的美好家园。于是，弗洛姆走出书斋，开始积极参与一些政治活动。他反对冷战、越南战争、核军备竞赛等。1957 年，弗洛姆参与创建了"稳健的核政策全国委员会"，并为该组织倾注了大量心血。该组织以反对核军备竞赛和越南战争为宗旨，

---

① Erich Fromm. Beyond the Chains of Illusion：My Encounter with Marx and Freud ［M］. New York：Continuum，2009：6.

在美国乃至全世界呼吁尊重人的生命价值、放弃核威慑、削减核武器、普遍裁军等，以避免人类社会可能发生的核灾难。在随后的几年中，该组织成为反对越南战争的中坚力量。此外，弗洛姆还曾加入美国社会党，后因种种原因，又退出了该党。

20 世纪 60 年代，弗洛姆时常去东欧讲学，并与南斯拉夫等社会主义国家的人道主义的马克思主义学者建立了良好个人关系。波兰的人本主义哲学家亚当·沙夫（Adam Schaff）坦言，自己的理论深受弗洛姆思想的影响。弗洛姆曾为亚当·沙夫的著作《马克思主义与人类个体》英文版作序，称"这本书的出版是一个重大的事件"。① 1961 年，弗洛姆的著作《马克思关于人的概念》（又译为《马克思论人》）出版。在这部著作中，弗洛姆以《1844 年经济学哲学手稿》为主要依据，一方面基于自身的理解，对马克思的思想作了人本主义的解读；另一方面批判了西方社会对马克思思想的一些片面理解与误读。这本书一版再版，对西方社会了解马克思主义产生了重要推动作用。《希望的革命》一书的写作，过度消耗了弗洛姆的精力，1968 年秋，他患上了严重的心脏病，休息了近一年的时间才恢复过来。自此以后，他每年夏季都要去瑞士的南部城市洛迦诺度假疗养，1974 年以后便定居在了那里。为了健康的需要，弗洛姆停止了一切临床治疗和教学活动。在生命的最后几年，他不仅以惊人的毅力撰写了《占有还是存在》《弗洛伊德思想的贡献与局

① ［波兰］亚当·沙夫. 马克思主义与人类个体 ［M］. 杜红艳，译. 哈尔滨：黑龙江大学出版社，2015：1.

限》，还时常接受电视台和广播电台的采访，阐发自己的主张。由于他的主张充满希望，鼓舞人心，因此深受听众喜爱。演讲的内容收录在《为了生命的爱》（又译为《说爱》《生命之爱》等）一书中。1980 年 3 月，这位在国际上享有盛誉的人本主义思想家、精神分析学家，因心脏病发作在瑞士的洛迦诺去世。

第二节　弗洛姆生活的时代背景

一个人思想的形成是"小环境"与"大环境"综合作用的结果。所谓"小环境"是指一个人的家庭环境与成长经历，而"大环境"是指这个人生活的时代背景。因此，如欲深入了解一个人的思想，不仅要研究其"小环境"（家庭环境与成长经历），还要探究其生活的"大环境"（时代背景）。弗洛姆人的生存方式理论的创立，与弗洛姆生活的那个时代息息相关。弗洛姆的一生先后经历了第一次世界大战、世界经济大危机、法西斯主义的兴起、第二次世界大战、美苏冷战、军备竞赛、越南战争等。弗洛姆坦言，自己生活的那个时代正是一个永不过时的社会实验室，为他提供了一个经验观察的场所。[1]

---

[1] Erich Fromm. Beyond the Chains of Illusion: My Encounter with Marx and Freud [M]. New York: Continuum, 2009: 6.

一、两次世界大战的爆发

弗洛姆是 20 世纪的同龄人，他的一生经历了两次世界大战。第一次世界大战发生在他 14 岁的时候，当时他还是一个不谙世事、懵懂青涩的少年。他所能感受到的不过是战争的兴奋、胜利的庆祝以及所认识的士兵的不幸阵亡。弗洛姆根本不关心这场战争，也不为战争的残酷所动容，仿佛这场战争和他没有多少关系。但不久以后，这一切就发生了改变。弗洛姆的一位拉丁文老师，在两年前的课上时常宣讲"如欲和平，就请备战"。当第一次世界大战爆发的时候，他表现得很开心。此时，弗洛姆意识到，这位拉丁文老师对和平的关切并不是真心实意的。一个真心实意维护和平的人，又怎会在战争爆发时表现得如此欣喜若狂呢？从此以后，弗洛姆再也不相信军备维护和平的观念。

除了这个事情以外，弗洛姆还遇到了另外一件让他记忆犹新的事情。放暑假之前，英语老师布置了一项作业——背诵英国国歌。待开学以后，第一次世界大战已经爆发了，整个德国弥漫着对英国的仇恨，因此，学生们不愿意背诵英国这个敌对国的国歌。对于学生的反抗，那位英语老师冷笑道，"不要欺骗自己了，目前为止，英国还未输掉过一场战争。"在弗洛姆看来，这是疯狂仇恨中理智而务实的声音，其在打碎德国的仇恨与民族自豪感的同时，也促使弗洛姆思考其中的原因。

随着战争的继续，弗洛姆的一些叔伯、堂兄弟以及老同学殒命战场，他逐渐懂得了所谓"战略撤退"与"胜利防御"的真正含义——其只不过是带有欺骗性质的模棱两可的言语。对于第一次世界大战，德国新闻界一开始就将它描述为一群嫉妒的邻国强加给德国人民的不义战争，其目的是扼杀一个强有力的竞争对手。对于德国来说，这是一场反强权、反压迫的自由之战。弗洛姆却提到了当时流传的一本小册子《我控诉》，这本小册子立场鲜明地指出，德国绝不是战争的无辜受害者，而是同奥匈帝国一样，对战争负有不可推卸的责任。战争在继续，战线在扩大。各国健壮的士兵，犹如洞穴中的野蛮人一般，在战场上相互厮杀。与厮杀相伴随的，却是交战各方掌权者虚假的速胜承诺、虚假的无辜声明、虚假的对残忍的敌人的指控、虚假的和平提议以及没有诚意的达成和平的条款。

在弗洛姆近中年之时，第二次世界大战爆发。较之一战，这场战争尤甚。先后有61个国家和地区、20亿以上的人口被卷入战争。日本的广岛、长崎先后遭受原子弹轰炸，伤亡惨重。这也是人类历史上第一次，也是目前为止唯一一次使用原子弹。据不完全统计，第二次世界大战中的死亡人数达到7000多万，经济损失达到5万多亿美元。第二次世界大战是人类历史上规模最大的世界战争。在这场战争中，由于纳粹对犹太人的迫害，弗洛姆被迫流亡到美国。对于眼前所发生的一切，弗洛姆有很多疑问。成千上万的人究竟是为什么而战呢？为什么交战双方都坚信自己是在为和平与自由而战呢？如果交战双方都宣称自己不想发动战争，那么战争又是怎样爆发的呢？如果交战双方都宣称自己并不想去占领别国的土地，而只是想维护国家的领土完整，那么战争又是如何持续的呢？如果交战双方是为了占领对方土地以及为掌权者赢得荣誉的话，那么又是什么在驱动着成千上万的人甘愿赴死呢？战争的爆发究竟是一场意外，还是有规律可循？如果有规律可循，那么这个规律又是什么呢？上述疑问促使弗洛姆在弗洛伊德和马克思的理论中寻找问题的答案，这也决定了他以后的研究方向。对于第一次世界大战对自己的影响，弗洛姆也坦言："正是第一次世界大战，而不是别的任何事情决定了我成长的道路。"①

二、世界经济大危机的爆发

弗洛姆青年时期，世界经济大危机爆发。世界经济大危机又称"1929—1933 年资本主义世界经济危机""30 年代大危机"，是指1929—1933 年间发生的、资本主义发展史上波及范围最广、打击最为沉重的世界经济危机。这场危机也是迄今为止，人类历史上遭遇的规模最大、历时最长、影响最深刻的经济危机。这场危机首先爆发在美国，然后扩展到整个资本主义世界。1929 年 10 月 24 日，纽约股票市场价格在一天之内下跌 12.8%，大危机由此开始。在这场历时五年的大危机中，资本主义各国工业生产剧烈下降，各国企业大批破产，失业人数激增，失业率高达 30%以上。资本主义农业危机与工业危机相互交织，农副产品价格大幅度下跌，农业生产严重

———————

① Erich Fromm. Beyond the Chains of Illusion：My Encounter with Marx and Freud ［M］. New York：Continuum, 2009：3.

衰退。同时，世界商品市场急剧萎缩，关税战、贸易战加剧。各国相继发生了深刻的货币信用危机，货币纷纷贬值，相继废止了金本位制，资本主义国际金融陷入混乱。危机时期，资本主义世界工业生产下降 37.2%，其中美国下降 40.6%，法国下降 28.4%，英国下降 16%，日本下降 8.4%。主要国家的生产退回到 20 世纪初或 19 世纪末的水平。1933 年危机虽然逐渐结束，但危机的影响并未结束。在此之后，资本主义世界又陷入了长达五年的持续萧条。

在危机期间，青年弗洛姆亲眼看到了大危机造成的严重后果，大量的人失去工作，普遍陷入困顿。而与此同时，资本家宁愿将小麦、玉米当作燃料，把牛奶、咖啡倒入河流之中，也不用它们来接济穷人。这次大危机充分暴露了资本主义制度的腐朽性，在这种制度之中，看不到温情与人道主义的痕迹，却充满了冷漠与"适者生存、优胜劣汰"的自由竞争。总之，世界经济大危机促使弗洛姆进一步思考资本主义制度的合理性，为其展开对资本主义制度的批判以及创立人的生存方式理论奠定了基础。

三、法西斯主义的兴起

法西斯主义是西方国家陷入经济大危机困境后的产物，是在政治、经济和社会动荡加剧时，处境恶劣、不满现状的中间阶层的一种情绪（思想）。中间阶层要求政府寻求新的统治对策以及更为中央集权的经济控制手段，并准备通过战争重新划分世界。德国的纳粹主义、意大利的法西斯主义、日本的军国主义是世界法西斯主义的三大形态。法西斯主义推崇种族至上、国家至上、意志至上、强权至上等理论。

　　由于纳粹政权对犹太人的迫害，弗洛姆被迫移居美国。他反对纳粹主义，反对迫害犹太人，反对任何钳制人的思想和自由的行为。对于纳粹主义的兴起原因，弗洛姆进行了深入的理论思考。由此，弗洛姆写成了《逃避自由》。在该书中，他从心理学维度对纳粹主义在德国的兴起作了细致的论述。他将德国的民众划分为两大类，一类在纳粹政权面前未做强烈的反抗便屈服了（仅仅只是屈服，并未成为纳粹意识形态的崇拜者与追随者），另一类则被纳粹的意识形态深深吸引，并且狂热地追随。第一类人主要包括工人阶级、自由资产阶级、天主教资产阶级等。让人出乎意料的是，尽管这些人一直敌视纳粹主义，但纳粹政权上台之后，这些人很快就屈服了，并且日后也没有给纳粹政权增添大的麻烦。弗洛姆认为，这些人之所以从内心深处就没有强烈反抗纳粹主义的意愿，是因为倦怠与屈从充塞了他们的内心。这是现代人的普遍心理状态，民主国家的民众亦是如此。① 第二类人以中产阶级下层为主，包括小店主、工匠、白领工人等。与第一类人的屈从形成鲜明对比的是，这些人狂热地认同、拥护纳粹主义的意识形态，并且誓死追随。为什么纳粹主义的意识形态会对中产阶级的下层产生如此强烈的吸引力呢？弗洛姆认为，应该从他们的社会性格中去寻找原因。中产阶级的下层具有如下性格特点：崇拜强者，厌恶弱者，情感上和金钱上小气、吝啬、节俭，

---

① Erich Fromm. Escape from Freedom［M］. New York：Avon Books, 1965：233.

奉行苦行主义的生活原则。他们心胸狭隘、目光短浅。对于陌生人，他们猜忌、讨厌；对于认识的人，他们好奇、嫉妒，并且将这种嫉妒合理化为道义上的愤怒。无论是经济上还是心理上，他们都很匮乏。[①] 可以看出，纳粹主义的意识形态因为满足了中产阶级下层的性格特点，所以对其产生了强烈的吸引力。

四、苏联的社会主义实践

俄国十月革命的胜利宣告了世界上第一个社会主义国家的诞生，人类历史也从此开启了一个新纪元。苏联全称"苏维埃社会主义共和国联盟"，由 15 个权利平等的苏维埃社会主义共和国按照自愿联合的原则组成，是一个联邦制国家，奉行社会主义制度及计划经济政策，由苏联共产党执政。在苏联人民的共同努力下，苏联的社会主义建设取得了巨大成就。尤其是在第二次世界大战以后，苏联一跃成为与美国平起平坐的世界超级大国，成为两极格局中的一极。直到 1987 年，苏联世界第二大经济体的地位才被日本取代。当然，这一切成就的取得离不开苏联人民的艰苦奋斗，也充分显示了社会主义制度的优越性。

然而，苏联在取得社会主义建设巨大成就的同时，也出现了一些问题。在经济建设方面，苏联长期实行高度集中的计划经济体制，迫于国外环境的压力，苏联的工业发展比例失调，事关国防的军事工业、重工业、化学工业和航空太空工业非常发达，处于世界领先

---

① Erich Fromm. Escape from Freedom ［M］. New York：Avon Books, 1965：236.

地位，但是事关民生的轻工业和农业则相对落后。高度集中的计划经济体制限制商品货币关系，否定价值规律和市场机制的作用，把一切经济活动置于指令性计划之下，从而使苏联的经济日渐失去活力，缺乏发展动力。

五、冷战和军备竞赛

第二次世界大战结束以后，以美国为首的资本主义阵营与以苏联为首的社会主义阵营旋展开了冷战。1946 年 3 月，英国首相丘吉尔的"铁幕演说"拉开了冷战的序幕，1947 年 3 月，杜鲁门主义的提出宣告冷战正式开始。1949 年 8 月，以美国为首的资本主义阵营成立北大西洋公约组织（简称北约）。为对抗北约，1955 年，以苏联为首的社会主义阵营成立华沙条约组织（简称华约）。由此，两极格局正式形成。在此后长达数十年的时间里，同为超级大国的美苏两国为争夺世界霸权在各个领域展开了全方位的较量。

在这段时期，美苏虽然分歧严重，冲突不断，但由于两国的军事实力旗鼓相当，都储备有相当数量的核弹头，因此，双方都保持了一定程度的克制，都在尽量避免大规模的直接战争。双方的对抗通常通过局部代理战争、科技竞赛、军备竞赛、太空竞赛、外交竞争等"冷"的方式进行，即"相互遏制，不动武力"。这也是"冷战"称谓的由来。两大军事集团的冷战是第二次世界大战后世界长期不得安宁的主要根源。冷战期间，美苏两国不仅大规模加强常规军备，投入大量的人力物力财力研制各种新式武器，还大力发展核武器，双方拥有的核弹头数量占世界总量的九成以上，足以将地球毁灭多次。

弗洛姆作为一个深切关怀人类生存困境的人本主义学者，坚决反对冷战，反对军备竞赛，反对发展核武器，主张裁军，主张削减核武器。在弗洛姆看来，削减核武器是创建一个新社会（"重存在"社会）的必要条件。① 为此，弗洛姆提出渐次单边裁军计划，即美国先单方面小幅度裁军，苏联作出积极回应（并不硬性要求），也相应等规模裁军。通过美苏之间的良性互动，以达到双边裁军的目的。弗洛姆深知，对于美苏来说，单边裁军的建议在未来一段时间内都是不可能被采纳的。②

六、西方资本主义社会发展的"黄金时代"与隐藏的危机

享誉国际的左翼近代史大师艾瑞克·霍布斯鲍姆（Eric Hobsbawm）认为，从第二次世界大战末到 70 年代初的 20 多年间，是西方资本主义社会迅速发展的"黄金时代"。如果没有这一时期，20 世纪将会是一个人类在苦难中前行的灰暗和动荡的世纪。除了战后早期的百废待兴以及美苏两国之间的"冷战"，总体来说，这一时期是一个充满乐观与希望的复兴发展时期。③ 西方资本主义社会发展

---

① Erich Fromm. To Have or To Be ［M］. London and New York：Continuum，1997：159.

② ［美］艾里希·弗洛姆. 论不服从 ［M］. 叶安宁，译. 上海：上海译文出版社，2017：105-106.

③ ［英］艾瑞克·霍布斯鲍姆. 极端的年代：1914—1991 ［M］. 郑明萱，译. 北京：中信出版社，2017：317.

的"黄金时代"的出现有多方面的原因，除了政府加强对经济的调控这一最重要的原因外，第三次科技革命的兴起与发展是另一个重要的原因。第三次科技革命兴起于二十世纪四五十年代，以原子能、电子计算机、空间技术、生物工程等的发明和应用为主要标志。与前两次技术革命相比，第三次科技革命有一个显著的特点，那就是科学技术在推动生产力发展方面的比重越来越大，并日益成为第一推动力。得益于第三次科技革命的推动，以美国为首的西方资本主义国家进入了高速发展时期，即资本主义历史上的"黄金时代"。这一"黄金时代"一直持续到 20 世纪 70 年代才结束，长达 20 多年。在这 20 多年中，西方资本主义国家的社会生产力快速发展，创造了前所未有的物质财富，社会空前繁荣。西方社会也掀起了一场关于"富裕社会"的讨论。美国经济学家约翰·肯尼思·加尔布雷思（John Kenneth Galbraith）指出，依据收入均等化程度、福利事业发展程度、就业程度、经济安全程度等标准，美国已经进入富裕社会。① 莫里斯·哈罗德·麦克米伦（Maurice Harold Macmillan）在1959 年升任英国首相时也向民众宣告："今天美好的生活，历史上从来没有过"。

对西方社会来说，这一切看起来似乎美妙至极、无懈可击，然而，作为一个关心人类生存问题的人本主义学者，弗洛姆没有为资本主义的表面繁荣大唱赞歌，而是怀着对人类的责任感与使命感，力图寻找隐藏在资本主义社会表面繁荣背后的危机。在《健全的社会》一

---

① ［美］加耳布雷思. 丰裕社会［M］. 徐世平，译. 上海：上海人民出版社，1965：1.

书中，弗洛姆开篇第一句话就振聋发聩、醍醐灌顶——"我们精神健全吗"？一般人在定义精神健全时，都会以社会上大多数人的精神状况为参照标准，凡不合群者，皆有或多或少的精神问题。而弗洛姆却没有以多数人的标准为标准，而是直接怀疑多数人所谓的"标准"。他指出，恶习并不能因多数人皆有而变成美德，错误并不能因多数人都犯而变成真理，因此，多数人都患有同样的精神疾病，并不能使这些人变成精神健全的人。① 在弗洛姆看来，西方资本主义社会居高不下的酗酒率、吸毒率、自杀率，越来越多的人患上心理疾病等足以说明，人们的生存方式出现了问题，现代社会在创造丰裕物质财富的同时，并没有满足人们内心深处的需要。弗洛姆由此作出诊断：西方资本主义社会是一个精神不健全的社会，其晚年的著作《占有还是存在》就是对以上社会现实问题的回应与解答。

第三节　弗洛姆人的生存方式理论的思想渊源

　　一个新的理论必然建立在前人理论的基础之上，弗洛姆人的生存方式理论也不例外。通过对弗洛姆人的生存方式理论的研究发现，弗洛伊德的精神分析学说、马克思的思想以及禅宗思想是建构弗洛姆人的生存方式理论的三大基础。

---

　　① Erich Fromm. The Sane Society [M]. London and New York：Routledge，2002：14-15.

一、弗洛姆对弗洛伊德精神分析学说的继承与发展

本着对心理学的热爱，弗洛姆在博士毕业以后接受了严格的精神分析训练，成了一名职业精神分析师，从业长达数十年。不仅是人的生存方式理论，可以说在弗洛姆的所有理论中，都可以发现精神分析学说的影子。在弗洛姆思想形成的过程中，弗洛伊德的精神分析学说影响最大，奠定了弗洛姆所有理论的基础。精神分析学说是在治疗神经症和精神病的基础上发展起来的理论，可以说是关于个人的理论，而弗洛姆却将其扩展到了社会领域。在弗洛伊德性格理论的基础上，弗洛姆提出了社会性格（social character）的概念，即在一个群体共同的基本经历和生活方式作用的结果下，发展起来的该群体大多数成员性格结构的基本核心。[①] 弗洛姆将社会性格划分为两大类：非自发创造性指向（the nonproductive orientation）和自发创造性指向（the productive orientation）。要想深刻理解弗洛姆关于非自发创造性指向和自发创造性指向性格的内涵，关键的和首要的一点在于，厘清自发创造性（productive）的具体含义。自发创造性与创造性（creative）有联系，但并不是完全相同。创造性包含在自发创造性之内，即自发创造性的并非一定是创造性的，但创造性的一定是自发创造性的。创造性要求一定要有某种新的东西被创造出来，而自发创造性没有这种要求。自发创造性是指某种状态，在这种状态中，人无论做什么（包括劳动、思考、情感的流露等），哪怕什么

---

① Erich Fromm. Escape from Freedom [M]. New York: Avon Books, 1965: 304-305.

也不做，人都能感觉到是自己力量的主人，是行为的主体，是自身潜能的外现。① 具有自发创造性指向性格的人，也就是具有这种特征的人。通过具体内涵的对照，我们可以发现，弗洛姆人的生存方式理论中，"重存在"的人与具有自发创造性指向性格的人几乎完全一致。也就是说，一个"重存在"的人必然具有自发创造性指向性格，一个"重存在"的社会必然具有自发创造性指向的社会性格。

　　综上所述，弗洛姆的社会性格理论源自弗洛伊德的性格理论，而弗洛姆人的生存方式理论又与社会性格理论有着千丝万缕的联系。因此，弗洛伊德的精神分析学说是弗洛姆人的生存方式理论的思想来源。除了性格理论之外，弗洛伊德的无意识理论等其他理论也为弗洛姆人的生存方式理论奠定了基础。

二、弗洛姆对马克思思想的人本主义解读

　　可以说，如果没有马克思思想的影响，弗洛姆的思想将囿于弗洛伊德的精神分析学说。正是借助于马克思的思想，并依据自身的从医经验，弗洛姆跳出了精神分析的窠臼，实现了两者的有机融合，在用马克思的思想改造精神分析学说以扩大其解释力和应用范围的同时，也将精神分析的理论渗透进了马克思主义，他本人也成为弗洛伊德马克思主义的代表人物。总体来看，弗洛姆人的生存方式理论，尤其是对重占有生存方式的批判主要源于马克思的《1844 年经济学哲学手稿》，该书对弗洛姆人本主义思想的形成产生了重要影

---

　　① Erich Fromm. Man for Himself［M］. London and New York：Routledge，1999：84.

响。弗洛姆对这本书做了详细的解读，写成了《马克思论人》一书。在《马克思论人》中，弗洛姆在对马克思的思想做人本主义解读的同时，也系统阐述了自己的人本主义思想，为人的生存方式理论奠定了基础。

在《1844 年经济学哲学手稿》中，马克思重点论述了工人阶级的劳动异化，即人与劳动产品、劳动过程、人的类本质、他人相异化。在弗洛姆看来，因为西方资本主义社会是一个全面异化的社会，所以要用异化理论对西方资本主义社会展开全方位批判。弗洛姆人的生存方式理论，尤其是对"重占有"生存方式的批判，就构筑在他的异化理论的基础之上。除了异化理论之外，弗洛姆人的生存方式理论也借鉴了马克思的共产主义理论。由此可见，马克思的思想是弗洛姆人的生存方式理论的来源。

三、弗洛姆对禅宗思想的研究

弗洛姆晚年开始系统研究禅宗思想，《占有还是存在》等晚年著作深受禅宗思想的影响。可以说，除了精神分析与马克思的思想以外，对弗洛姆的思想发展影响最大的就是禅宗思想。他研读了日本禅学大师铃木大拙的著作，并与其本人接触频繁，并与其合著了《禅宗与精神分析》。在这本书中，弗洛姆全面阐述了自己对禅宗思想的理解，论述了禅宗思想与精神分析的相通之处。由此可以看出，弗洛姆人的生存方式理论对禅宗思想的借鉴。对于禅的本质内涵，铃木大拙作了经典的概括："禅本质上是洞察人生命本性的艺术，它指出从奴役到自由的道路……可以说，禅把蓄积于我们每个人身上的所有能量完全而自然地释放出来，这些能量在通常环境中受到压抑和扭曲，以致找不到适当的活动渠道……因此，禅的目标乃是使我们免于疯狂或畸形。这就是我所说的自由，即把所有蕴藏在我们心中的创造性的与仁慈的冲动都自由发挥出来。我们都具有使我们快乐和互爱的能力，但通常对此视而不见。"① 据此，弗洛姆将禅的本质概括为如下五点：其一，洞察人生命本性的艺术；其二，从奴役到自由的道路；其三，释放人的自然的能量；其四，防止人疯狂或畸形；其五，发挥人的快乐与爱的能力。从这五点可以看出，弗洛姆提出的"重存在"生存方式的本质与禅的本质完全相同，"重存在"生存方式这一概念是对禅宗思想的借鉴。然而，作为对禅的本质的世俗化表述，弗洛姆所说的"存在"这一概念的内涵要宽泛许多。

禅的最终目标是开悟体验。弗洛姆指出，开悟是人幸福安宁的真正实现，是人与自身的内外在完全统一的状态。在这种状态中，人对真实有完全的觉察与把握。人不会把真实当作客体，然后用思想去捕捉，而是完全抛弃思想，用体验去把握真实。在开悟的状态中，没有客体，也没有主体。开悟意味着人的全部身心对真实的充分觉醒。弗洛姆指出，这种觉醒可以用心理学术语称之为"建设性指向"或"自发创造性指向"。② 在自发创造性指向中，"我"就是

① ［美］弗洛姆，［日］铃木大拙，［美］马蒂诺. 禅宗与精神分析［M］. 王雷泉，冯川，译. 贵阳：贵州人民出版社，1998：137.

② ［美］弗洛姆，［日］铃木大拙，［美］马蒂诺. 禅宗与精神分析［M］. 王雷泉，冯川，译. 贵阳：贵州人民出版社，1998：139.

"我"，不会分离。客体也不再与"我"对峙，而是与"我"处于统一的状态之中，但又相互独立。"我"能够强烈体验到客体，但客体仍如其本来面目。在自发创造性指向中，"我"赋予客体以生命，客体亦赋予"我"以生命。弗洛姆提出的自发创造性指向可以和他提出的"重存在"生存方式等同。由此可见，弗洛姆对"重存在"生存方式的阐述借鉴了禅宗思想。

第二章

弗洛姆关于人生存的两种方式

在正式论述人的两种生存方式的内涵之前，为了使读者能够从宏观上对人的生存方式有一个直观的感受和整体上的把握，弗洛姆从诗歌、语言表达的转向以及人们的日常生活出发，对人的生存方式进行了整体性的介绍。

第一节　人的生存方式界说

一、坦尼森与松尾芭蕉的诗

弗洛姆首先以英国诗人坦尼森（Tennyson）和日本诗人松尾芭蕉（Basho）的诗歌为切入点，对人的生存方式进行界定。坦尼森的诗歌如下：

> 在墙上的裂缝中有一朵花，
> 我把它连根一起拿下。

手中的这朵小花，

假如我能懂得你是什么，

根须和一切，一切中的一切，

那我也就知道了什么是上帝和人。

松尾芭蕉的诗歌如下：

凝神细细望，

篱笆墙下一簇花，

悄然正开放！

我们读完两首诗歌可以发现，两位诗人描述的是同样的场景，就是在散步的过程中，无意中看到了花，然后以诗咏之。有所不同的是，两位诗人对待花的态度。诗人不同的态度形成两种不同的风格，不同的风格又造成了两种不同的意境。坦尼森的做法是把花连根拔起，而后试图通过花来理解世界的本质与真理。殊不知，在他把花连根拔起的那一刻，就意味着剥夺了这朵花的生命。为了探寻真理，不惜以生命为代价是西方主流的价值观，是"正常"的、"健康"的价值观。西方科学家在做科学研究时，使用的就是坦尼森的方式。可以说，坦尼森的这首诗是西方文化的典型缩影。与坦尼森不同，松尾芭蕉的做法是仔细凝望，驻足欣赏，不会像坦尼森那样把花连根拔起。松尾芭蕉通过观赏的方式与花建立关系，在这种关系中，双方各自安好，花依然是花，没有受到打扰，更没有被破坏，而人则通过观赏获得了美的享受、心灵的净化和升华。松尾芭蕉的这首诗是典型东方思维的反映，只有置身于东方文化之中，久受东方思维的熏陶，才能理解和把握这首诗的内涵、意境和格局。西方绝大部分人都会感觉莫名其妙、不知所云。

弗洛姆指出，坦尼森与花的关系就是以"重占有"为主导的关系，而松尾芭蕉与花的关系就是以"重存在"为主导的关系。换句话说，坦尼森的诗反映的是"重占有"的生存方式，而松尾芭蕉的诗反映的则是"重存在"的生存方式。在弗洛姆看来，东西方文化的差别并不等同于"重占有"和"重存在"两种生存方式的差别，而一个以人为中心的社会与一个以物为中心的社会，更能在一定程度上反映"重占有"和"重存在"两种生存方式的差别。西方人无法理解松尾芭蕉的诗所表达的意境的真正原因在于，在西方工业社会中，人的特征是占有取向，这种取向的人并不具备理解不是建立在私有制和占有欲基础上的社会精神的条件。①

二、语言表达的转向：从"存在"到"占有"

在论述了坦尼森与松尾芭蕉的诗以后，弗洛姆接着以语言表达的转向为视角，从语言的变化中直观把握"占有"（having）与"存在"（being）的区别。弗洛姆认为，近百年来，西方人在语言的使

---

① Erich Fromm. To Have or To Be ［M］. London and New York：Continuum，1997：16-17.

用上也日益显示出从"存在"向"占有"的转向。譬如，人们对名词的使用愈来愈多，对动词的使用明显减少。指称事物的准确方式是用名词，如桌子、房子、小轿车等。而指称活动或过程的准确方式是用动词，如爱、恨、渴望等。然而，现在的情况却是，人们日益倾向于用名词取代动词。如人们在表达内在感受的时候，更倾向于用"有"与一个名词的搭配形式。比如说，一个正在忧虑的人表达自身的感受时，不是用"主语+动词"句式，表达为"我忧虑"，而是采用"有+名词"的句式，表达为"我有一个困扰"。弗洛姆认为这是错误的用法，因为活动或过程不可能被占有，而只能被体验。早在18世纪，杜·马雷（Du Marais）在其去世后出版的一本书中对这种错误用法作了精辟的论述。他指出："我有一块表"这句话中的"我有"是一种正常的表达，不存在任何问题。而在"我有一个想法"这句话中，"我有"是对前一种表达方式的模仿，是借用，其正确表达方式应该是"我想……"。同理，"我有一个憧憬"的正确表达方式应该是"我憧憬……"；"我有意愿"的正确表达方式应该是"我想要……"

从杜·马雷到弗洛姆的200年间，名词取代动词的现象不但没有减少，反而日益增多，可能连杜·马雷也始料不及。弗洛姆举了一个貌似夸张却相当典型的例子。一个找精神分析学家寻求帮助的人，会做这样的开场白："医生，我有一个棘手的问题，我有失眠症。尽管我有座漂亮的房子，有可爱的孩子，有幸福的婚姻，但是，我却有很多烦恼。"也许在几十年前，病人的开场白是这样的："医生，我很苦恼，我失眠了。尽管我的房子又大又漂亮，孩子懂事可爱，婚姻幸福美满，但是，我却倍感烦恼。"语言表达方式的转变是异化程度的风向标，现代的语言表达方式显示出社会异化程度的加深。人们的表达方式从"我很苦恼"变成了"我有一个棘手的问题"，就意味着主体的体验被排除了——作为主体体验的"我"被作为占有物的"它"取代了。"我"把"我"的感受转化为"我"的占有物——棘手的问题。但是，"棘手的问题"不过是各种困难的抽象表述而已。"我"不可能占有一个棘手的问题，因为棘手的问题是不可能被占有的，然而棘手的问题却可能占有"我"。也就是说，"我"把"我"自己转化成了"一个棘手的问题"，并被"我"的创造物所占有。这种语言的表达方式暴露了一个问题——隐藏的、无意识的异化。

也许有人会说，失眠是一种躯体症状，类似于喉咙疼或牙疼，因此，"我有失眠症"这样的表述，就像"我有喉咙疼"或"我有牙疼"一样合情合理。然而，事实却并非如此，两者之间确有区别。喉咙疼或牙疼是一种身体上的感觉，无涉心理因素。一个人可以说"我有喉咙疼"或"我有牙疼"，那是因为他确实有喉咙或牙齿，两者都是具体的存在。与此相反，失眠却不是一种身体的感觉，而是一种不能入眠的心理状态。"我"用了"我有失眠症"这样的表述，就意味着"我"将心理现象当作躯体症状处理了，从而将影响"我"入眠的焦虑、不安、紧张等体验从主体的"我"中剔除了。为了进一步说明这个问题，弗洛姆又举一例。他指出，"对你，我有广博而厚重的爱"这句话毫无价值。爱，不是"我"能够占有的东西，而是过程和行为，其主体是"我"。"我"能够爱，"我"能够陷入爱中，但是在爱的行为中，"我"什么也不占有。实际上，"我"占有得越少，则爱得越多。

三、关于"重占有"和"重存在"的日常生活体验

除了诗歌和语言的转向以外，弗洛姆还列举了一系列日常生活体验，以进一步加深人们对"重占有"和"重存在"两种生存方式的直观感受。弗洛姆分别从学习、记忆、交谈、阅读、行使权威、知识、信仰、爱八个方面进行了重点论述。

在学习方面，"重占有"生存方式主导的人会仔细聆听老师的讲课，生怕错过一句话，恨不得把老师所讲的每一个字都记在笔记本上，以便日后能够顺利通过课程考试。这种类型的人只是把学习的内容储存起来，并没有消化吸收，更不可能将学习内容融入自己的思想，从而变成自己思想的一部分。因此，他们不可能通过学习创造出新的东西。反而，这种类型的人害怕新思想、新观念，因为新思想、新观念动摇了他们固有的知识。他们害怕变动，因为变动意味着无法固定占有。而"重存在"生存方式主导的人的学习则完全是另外一番景象。他们并不被动去听课，而是会带着问题主动听课。他们会将新学到的知识与以往的知识结构建立联系，从而产生新思想、新观点。他们在学习之后自身也发生了变化，已经不同于学习之前的那个自己了。

在记忆方面,弗洛姆用一个比喻形象地描述了"重占有"的记忆与"重存在"的记忆之间的区别。"重占有"的记忆犹如通过照片去记住一个人的脸或风景,而"重存在"的记忆则是通过观察真实的人的脸或风景来记忆。显然,通过观察真实的人的脸或风景的方式来记忆是生动的、形象的、深刻的,是建立在对客体深入观察的基础之上的积极的、主动的、富于创造性的行为,因此更容易记忆和再现。而通过看照片的方式来记忆则是机械的、死板的,是为了记忆而记忆。这种记忆是异化的记忆,其效果自然要大打折扣,也不容易再现。弗洛姆还指出,异化的记忆还有一种形式,那就是把所要记忆的内容记录下来。这种记忆已经外化,被记忆的客体与记忆主体已经分离,必定会降低人们的记忆力。

在交谈方面,一个"重占有"的人总是患得患失,因为他总想得到,哪怕是别人的赞同;害怕失去,哪怕是他的观点。他们在和别人交谈时,总是想极力表现自我,用自身目前所拥有的一切,甚至过去曾经拥有的、未来或许会有的,来赢得他人的好感和尊重,证明自己的价值。而一个"重存在"的人在与人交谈的时候,表现截然不同。他侃侃而谈、谈笑风生,将全部注意力集中在谈话的内容上,不但忘却了自身的存在,更不会用自己的占有物去证明自己。因此,他是活泼的、轻松的、愉悦的、从容的、创造性的,具有强烈的正能量和感染力,从而与其他交谈者在良好的氛围中一起"舞蹈"。

在阅读方面,一个"重占有"的人只是在摄影式地记住阅读的内容,阅读的过程没有思考,只是占有了很多阅读过的材料。弗洛姆认为，"重占有"的教育鼓励学生以占有的方式阅读书籍，如果以这种方式阅读亚里士多德、斯宾诺莎、黑格尔等思想家的著作，除了占有这些思想家的观点，甚至能够复述这些思想家的观点以外，不会有任何发展和创新。而一个"重存在"的人则不然，阅读之于他来说，是带着思考和书的作者对话，因此在阅读以后，他成长了，进步了。对于一个"重存在"的人来说，他会始终以怀疑和批判的态度来阅读。

在行使权威方面，弗洛姆将权威分为两种类型，即占有型权威和存在型权威。存在型权威建立在能力的基础之上。这些能力包括智慧、经验、技能、宽容、勇气等。存在型权威有助于接受权威的人的成长。这种权威的典型例子是教师对学生的权威。教师以自己渊博的学识和高尚的品格对学生行使权威，以便让学生尽快成长起来，甚至超越自己。占有型权威建立在对客体的权力、恐吓、剥削、洗脑、占有的基础之上。这种权威必然会抑制接受权威的人的成长。弗洛姆指出，随着等级制度的建立和发展，人类社会行使权威的方式出现异化，即从原始社会的存在型权威逐步向占有型权威转变。行使权威的基础由能力转变为等级。等级高的人，便自动具有行使权威的能力，即使这个人并不具备行使权威的能力。

在知识方面，一个"重占有"的人对待知识的态度是占有，会努力去拥有更多知识。而一个"重存在"的人对待知识的态度是利用，会用知识穿透现实的迷雾，探求迷雾掩盖下的现实的本质。弗洛姆用"我有知识"和"我知道"来概括两者对待知识态度的区别。"我有知识"描述的是静止的状态，是对知识的占有；而"我知道"描述的是动态过程，是对真理的探求。在这里，弗洛姆再一次展开了对当时教育体制的批判。学校自诩为接触人类思想精华的地方，事实上只是知识灌输、售卖的场所。学生在学校里学习知识、占有知识，只不过是为了以后能够在社会上换取财富、地位和权力。占有得越多，日后换取的等价物也就越多。

在信仰方面，对于一个"重占有"的人来说，信仰的意义在于使自己能够依附于一个大型群体，从而获得一种安全感。自己无须进行独立思考和做出决定，因为信仰提供了一套终极的价值体系，自己只要按照信仰的要求去做就可以了。任何独立的思考，都被视为对信仰的亵渎。"重占有"的人缺乏独立探索的勇气，信仰就是其全部的精神支柱。对于一个"重存在"的人来说，信仰的意义完全不同。其信仰建构在自己的经验基础之上，是对自己内在价值体系的坚持。"重存在"的人的信仰包含着独立的思考、探索的勇气和对真理的追求。

关于爱，弗洛姆指出，在这个世界上就不存在"爱"，"爱"是人们为了叙述方便而创造的一个抽象名词。"爱"的本质是一种行动。"重占有"的爱实则是对"爱"的对象的控制、束缚和占有。这样的"爱"不仅不能促进被"爱"者的成长，反而会使其窒息。"重占有"的爱不是真爱，而是满足施"爱"者控制欲望的自私行为。"重存在"的爱则是创造性的、充满活力的，被爱者能够充分感觉到，并对此作出积极回应。因此，能够促进被爱者的成长。在

"重存在"的爱的关系中，施爱者与被爱者既紧密联系，又相互独立、互不干涉。

第二节 "重占有"生存方式的本质内涵

一、"重占有"生存方式的基础

弗洛姆指出，"重占有"生存方式的基础是以利润为取向的社会。为了追逐利润必须不断地去占有，唯有不断占有才能提高利润，两者相辅相成。一个以利润为取向的社会，必然催生"重占有"的生存方式。弗洛姆所说的以利润为取向的社会，明确指向资本主义工业社会。这是一个建立在私有财产、利润和权力三大支柱基础上的社会。在资本主义工业社会中，人们的眼睛只盯着财富，至于财富如何得来，得来以后如何处置，则是"我"自己的事情，与他人无关。只要不违背法律，则"我"追逐利润、攫取财富的权利就是绝对的、不受限制的。因此，追逐利润、攫取财富的欲望成为社会规范，拥有财富的人被视为上等人，受到尊重和追捧。而一个没有追逐利润、攫取财富欲望的人，则被认为是没有进取心的人，被人们嗤之以鼻。弗洛姆由此抛出了一个犀利的问题：对于处于社会底层的大众而言，如何实现追逐利润、攫取财富的欲望呢？

弗洛姆的答案是，即便是家徒四壁的穷人，也是拥有一些东西的，即便这些东西少得可怜。对于这些少得可怜的东西，他们也像富有的人一样，盘算着如何实现增值。对他们而言，不去消费或者减少消费在一定程度上也意味着增值，而最大的乐趣是对有血有肉的人的占有。在父权制社会，处于社会底层的人只要能够结得上婚，就会拥有妻子、孩子和牲畜，是这三者无可辩驳的占有者。在这三者面前，他是至高无上的权威。现代社会，父权制已经逐步瓦解，妇女、儿童获得了解放。因此，弗洛姆又抛出了一个问题：在父权制已经逐步走向瓦解的现代社会，处于社会底层的人如何实现占有欲望的呢？在市场型社会性格占主导的社会中，绝大部分人都趋向于"重占有"的生存方式。

弗洛姆的答案是，社会底层的人扩展了占有的范围，即占有不仅包括人财物，还包括自我、朋友、健康、习惯甚至疾病等。弗洛姆对"自我"这一新的占有物的阐述是，"自我"包括人的身体、社会地位、名誉、名字、劳动力、形象等诸多内容，由各种真实特质和虚假特质混合而成。"自我"所包含的内容无关紧要，重要的是人们将"自我"作为占有物而极力追逐之，并将作为占有物的"自我"等价于"我"，即"我"就是作为占有物的"自我"。在资本主义工业社会，人们普遍追逐社会地位、名誉、包装形象等，还在追逐时将"自我"作为占有物而追逐之，其造成的严重后果，是人的存在与本质的分离。在日常生活中，人们会有这样的表达："我的朋友""我的律师""我的工人"，而这些表达都多多少少蕴含着占有的味道，即朋友、律师、工人是"我"的占有物。甚至习惯也成了人们的占有物之一。如果习惯被打破，人们会感到不自在，因为安全感受到了威胁。更令人意想不到和啼笑皆非的是，疾病居然也成了人们的占有物之一。

弗洛姆以汽车的消费作为典型案例，形象地描述了"重占有"的生存方式。弗洛姆指出，人们拥有某辆汽车长则几年，短则一两年，就会有更换汽车的想法，并想方设法卖掉手中的"旧汽车"，购入更加喜欢的新汽车。如果条件允许，更换的年限会越来越短，直至汽车的更换已经无法带来新的刺激，无法满足其占有欲。弗洛姆对人们与汽车之间的关系本质进行了深入解析。其一，人们购买汽车并非完全出于对汽车的喜好或者其使用价值，而是因为汽车作为一种身份地位的象征，成了构成"自我"的一个部分。因为拥有汽车，"自我"增加了新的属性。其二，汽车的更换刺激了人们的兴奋心理，满足了人们的占有欲，使人们获得了一种快感体验。其三，社会性格发生了转变。在过去的一百年中，社会性格由囤积型指向转变为市场型指向。这也就意味着，人们满足占有欲的方式从根本上发生了转变，即从纯粹囤积转向了不断消费。

以上关于"重占有"生存方式的描述，给读者呈现了一幅消极的资本主义工业社会人的重占有生存方式的图景。紧接着，弗洛姆又描述了一幅令人欣喜的图景。他指出，在当今社会，存在着这么一群年轻人，他们善于聆听内心的声音，希望做自己，乐于做自己，也敢于做自己。对于世俗的条条框框，他们往往不屑一顾、嗤之以鼻。他们坚持做真实的自己，而不是成为市场上令人满意的"商品"。然而令人遗憾的是，这些年轻人并没有从摆脱束缚的自由过渡到创造的自由，只是在摆脱世俗的压迫上为自己争得了自由的空间，却没有寻找到前进的正确方向和目标。他们曾经天真地以为可以探寻到成长的路径，却发现自己始终无法完全逃脱世俗的窠臼和资产阶级父母的影响。最终，这些人成了失望的人、冷漠的人。

在此，弗洛姆延续了他一贯的风格——从绝望中看到希望，始终对人类的前途满怀信心。他指出，并非所有满怀希望的人最终都以失望告终，在这些年轻人中，还是有一小部分人经过努力实现了创造的自由。人类的历史证明，由少数人引领历史的发展不是第一次，也绝不可能是最后一次。在弗洛姆看来，这些少数的人终将引领人们从"重占有"的生存方式向"重存在"的生存方式转变。况且，人类社会的发展已经为人的生存方式的转变准备了条件，那就是父权制的瓦解、父母对孩子控制权的崩溃以及性革命。尽管这些条件还处在初级阶段，但至少让人们看到了生存方式转变的一丝曙光。

二、"重占有"生存方式的本质

所谓的"重占有"生存方式，就是指以"占有"为价值取向的生存方式。弗洛姆认为，"重占有"生存方式的本质根源于私有制的本质。[①] 私有制的本质决定了在"重占有"生存方式中，人们具有拥有占有物的合法权利，而且这种权利是排他的，即除非经过"我"

---

① Erich Fromm. To Have or To Be ［M］. London and New York：Continuum, 1997：63.

的同意，其他人没有权利使用"我"的占有物。这就意味着一旦某样东西成了"我"的占有物，同时也就宣示了"我"对这样东西的合法拥有，自此以后，"我"无须再费任何努力就能拥有它，因此，"我"可能不会创造性地使用它。对某物的占有，人们经常用"我有某物"句型表达。这句话明确指出了主体与客体之间的关系，同时也带有永久性的意味。事实上，这种永久性不可能存在。主体不可能长生不死，保证主体占有某物的权利也可能在某个时间点失去。客体也不可能永久存在，它有可能被摧毁、丢失或随着时间的流逝而自行毁掉。主体与客体之间占有关系的永久存续必须建立在不灭实体的基础之上，然而在这个世界上，根本没有不灭的实体存在。因此，主体对客体的占有只能是暂时性的。

在"重占有"生存方式中，"我"与"我"所占有的东西具有直接的同一性，"我"之所以能够成为"我"，恰恰是因为"我"占有某些东西。也就是说，表明"我"存在的唯一依据就是"我"所占有的东西，为了表明"我"的存在，"我"必须不断地去占有。物品、金钱、名誉、权力甚至自我，皆是"我"占有的对象。没有占有物，"我"就会随之消解。占有物不仅表明了"我"的存在，也消除了"我"的恐惧感，增强了"我"的安全感。① 因此，在一个"重占有"的社会中，人们对各种身外之物孜孜以求，却唯独对人之内在视而不见。弗洛姆认为，这种占有关系注定是一种僵死的、失去了生命力的关系，"我"与占有物皆成了没有生命力的物。当

① Erich Fromm. To Have or To Be［M］. London and New York：Continuum，1997：63.

"我"宣布占有某样东西的时候，那样东西也同时占有了"我"。马克思一语道破了"重占有"生存方式的本质。他指出："私有制使我们变得如此愚蠢而片面，以致一个对象，只有当它为我们拥有的时候，也就是说，当它对我们来说作为资本而存在，或者它被我们直接占有，被我们吃、喝、穿、住等等的时候，简言之，在它被我们使用的时候，才是我们的。"①

弗洛姆借助弗洛伊德的性格学说，将"重占有"的人称为滞留在肛门性格（the anal character）的人，"重占有"的社会就是肛门性格占主导的社会。具有肛门性格的人注重储存，有形之物与无形之物皆在其储存之列。在弗洛伊德看来，肛门性格乃是一个人在成熟之前具有的性格，如果其在成年以后仍然具有肛门性格，就意味着其性格发展出现了停滞现象，这个人就是病态的人。相应地，一个肛门性格占主导的社会必然是一个病态的社会。

弗洛姆还论述了两个有利于"重占有"生存方式的因素。第一个因素是语言。为了便于交流，人们给世间万物包括自己取一个名字。比如"张三""李四""桌子""凳子"等。名字容易给人造成一种错觉，即拥有名字的东西是不灭的实体，是永存的。殊不知这个世界是过程的集合体，世间万物皆变动不居。第二个因素是人的求生本能。弗洛姆指出，尽管人们知道任何人终究难免一死，但由于人的本能，依然会去追求长生不死。人们不仅努力追求身体的长生不死，也会追求长生不死的其他形式。比如追求青史留名、占有

———————————

① 马克思恩格斯文集：第 1 卷［M］．北京：人民出版社，2009：189.

财产。在"重占有"生存方式中，"我"就是"我"的占有物，能够证明"我"存在的就是"我"的占有物。因此，只要"我"的占有物不灭，"我"就将永存。为了使"我"永存，"我"就必须尽可能地占有更多的东西。

在揭示了"重占有"生存方式的本质以后，弗洛姆并没有完全否定占有的价值与意义，反而提出了"功能性占有"（existential having）概念。"功能性占有"也称为"生存性占有"，是指人类为了能够生存下去而必须去占有一些东西，如食物、衣服、房子、工具等。这种性质的占有是合情合理的，完全不同于由性格决定的占有。弗洛姆进一步指出，性格决定的占有是社会制度的产物，不是人与生俱来的。功能性占有与"重存在"生存方式并不冲突，功能性占有反而是"重存在"生存方式的前提条件。正如马克思所言："全部人类历史的第一个前提无疑是有生命的个人的存在。"① 因此，对于所有的人来说，功能性占有都是必须的，只不过随着社会历史条件的变化，生存性占有日益超出了维持生存的范畴，成了异化的占有，从而造成了人们"重占有"的生存方式。

---

① 马克思恩格斯文集：第 1 卷 ［M］．北京：人民出版社，2009：519.

第三节 "重存在"生存方式的本质内涵

一、"重存在"生存方式的实质

(一) 难以言说的"存在"

就"存在"的体验而言,词语显得苍白无力。弗洛姆指出,如果词语是容器的话,那么体验就是水,水往往会溢出容器。人的体验远远超出了语言所能描述的范围。佛经曰:"以指指月,沿指可以寻月,而指非月。"透过语言,我们实难窥见体验之全貌。即便是最著名的语言学家,也无法用语言描述完一个人的全部。即便是一个简单的肢体动作,也无法用语言充分描述。弗洛姆指出,对于蒙娜丽莎的微笑,人们终究无法完全描述出其全部的内涵。

一个蓝色的玻璃杯,不是因其占有蓝色的光波才显示为蓝色,而是只让蓝色的光波通过才显示为蓝色。同理,当人们不再用占有之物获得安全感和身份感的时候,存在才会出现。占有减少得越多,则存在越多。但是对于绝大多数人而言,失去了占有物,就等于失去了安全感的保障,失去了用以表征身份的东西,这无异于将不会游泳的他们直接扔进大海。然而,他们却没有认识到,只有失去了占有物,人才能充分运用自己的力量。正如一个习惯了用拐杖支撑走路的人,在猛地扔掉拐杖时一定是无助的。他在习惯了拐杖以后,逐渐忘记了用双腿行走会更加便捷、快速。对占有物的过度依赖，使他画地为牢、裹足不前。

（二）"重存在"生存方式的概念与实质

"重存在"生存方式是指以"存在"为价值取向的生存方式。这种生存方式注重的是体验，其先决条件是独立、自由、具有批判理性。其显著特征是主动性，即创造性地运用人类本身蕴含的潜能。① 这种创造性活动并不意味着一定要像科学研究或者艺术创作那样，创造出某种新的东西，而是指在创造性活动中，"我"遵循自身意愿，与整个活动融为一体，"我"的行为表现的是"我"的内在潜能。借助于创造性活动，人的本质得以充分展现。因此，在创造性活动中，主体与客体的关系不是僵死的、无生命的，而是鲜活的、有生命力的。在"重存在"生存方式中，"我"就是"我"自己本身，不是"我"的占有物，"我"既不需要用外在的东西来证明自身存在，更不需要用占有物来支撑"我"的安全感。"我"的存在和安全感来自自身蕴含的力量——人生而具有的潜能。② 只有当人不再依靠占有物来表明自身存在和寻求安全感的时候，"重存在"生存方式才会出现。占有物犹如人的拐杖一般，人们倾向于认为，如果没有拐杖的支撑，行走将是困难的。正是这种错觉阻碍了人的成长和潜能的发挥。人只有扔掉"拐杖"，才能充分运用自身的力量，实现"独立行走"。

---

① Erich Fromm. To Have or To Be ［M］. London and New York：Continuum，1997：72.

② Erich Fromm. To Have or To Be ［M］. London and New York：Continuum，1997：74.

二、"重存在"生存方式的三大特征

(一) 主动性

弗洛姆强调，"重存在"生存方式的第一个特征是主动性。如前所述，这里的"主动性"是指创造性地运用人类自身蕴含的潜能的内在主动性。每个人所蕴含的潜能从质上来说都是一样的，只是在量上存在差别。为了使读者能够深入理解"重存在"生存方式的基本特征，弗洛姆着重对主动和被动做了对比论述。他指出，在现代语言中，主动通常用来描述行为。比如辛勤劳作的农民、流水线上的工人、办公室的职员、商场里的服务员、大街上的小贩等。这些人都被社会认为是主动的，他们的行为引起了有利于社会的变化，因此能够得到社会的认可。然而，这样的表述忽略了行为背后的人。比如一个在办公室里忙碌的职员，从世俗的角度来说，他可以称得上是主动的。但是，他的这种忙碌状态是自愿自发，还是外力所迫？是满怀乐趣，还是满怀烦躁？我们却无从得知。究其原因，主要是没有厘清主动与忙碌之间的关系。在弗洛姆看来，两者之间有着本质的区别，就如同异化的行为和没有异化的行为之间的区别一样。在异化的活动中，"我"不是自己行为的主体，驱使"我"行动的是外在于"我"的力量。

为了使读者进一步理解异化的行为，弗洛姆举了两个例子。第一个例子是强迫症。弗洛姆指出，强迫症患者的强迫行为是典型的异化行为。需要明确的是，强迫症属于典型的神经症，不是精神病，强迫症患者没有失去意识，反而具有清晰而连续的自知力。对于强迫症患者来说，他们也不愿意去做强迫行为，但是强烈的痛苦驱使着他们去实施强迫行为。这种痛苦是如此的撕心裂肺，即便是钢铁般的意志也会被扭曲。因此，没有找到解脱门路的强迫症患者，都会选择实施强迫行为来缓解痛苦。一个患有洁癖的强迫症患者，由于怕"脏"会反复洗手、洗澡，洗涤衣服、被褥，打扫家里的卫生，在世人眼中他是主动的。实际情况却是，他是被一种外在于自己的力量驱使着去做的，并非出自本心。第二个例子是催眠。催眠师在对一个人催眠期间，对其下达了一个指令，这个人醒来以后会自动执行催眠师的指令，而他根本没有意识到，这样的行为并非出自本心。

在没有异化的活动中，"我"是"我"行为的主体，无论"我"做出怎样的举动，都是"我"对自己发号施令，"我"行为的驱动力是"我"自己，"我"的行为是"我"力量的展现。在没有异化的活动中，"我"与"我"的活动、活动的结果三者是一体的。弗洛姆将没有异化的活动称为"创造性活动"。弗洛姆指出，所谓"创造性"并非以活动的结果定义，而是以活动的性质定义。举例来说，如果一个人在读一首诗歌的时候，能够真正地从内心体会到诗歌中所涌动的感情，那么他依然是具有创造性的。由此可见，从本质上来说，创造性指的是人内在活动的状态。弗洛姆强调，创造性是每一个人都具有的性格指向，除非这个人在感情上不健全。一个具有创造性的人，能够赋予他所接触的一切以生命。

在弗洛姆看来，主动和被动可过一步分积极的主动、消极的主动以及积极的被动、消极的被动。主动和被动的内涵可以从两个角度来理解，人们通常所说的主动和被动立足于从行为角度，而弗洛姆所说的主动和被动乃是立足于内心状态的角度。即只要一个人的内心状态是积极的，那么这个人就是主动的、创造性的。一个人即便什么也不做，但只要他的内心状态是充盈的，那么他就是主动的。典型的例子就是冥想中的人。只要一个人的内心状态是消极的，那么这个人就是被动的，即便这个人在世人眼中忙得不可开交、焦头烂额。依据弗洛姆的定义，在资本主义工业社会中，绝大部分人都是病态的、依附性的，把自己出卖给了社会，因而是被动的。

（二）真实性

弗洛姆所谓的"真实性"，是指能够穿透世界表象，把握世界的实相（reality）。一个"重存在"的人，必定是一个能够看清这个世界实相的人。因此，从"重占有"生存方式转向"重存在"生存方式，意味着对世界实相把握能力的提高。

弗洛姆指出，在日常生活中，我们经常可以看到一个人的外在行为表现和其内在真实存在差别，甚至截然相反。比如一个表面上很热爱祖国的人，很有可能是一个自私自利的人，热爱祖国只不过是他为自己祭起的一面旗帜，而在这面光鲜亮丽的旗帜下面，他却在做着中饱私囊的勾当。弗洛姆提出，人的公开行为和真正动机之所以大相径庭，主要是因为行为与性格是完全不同的两个概念，人的行为不同于人的性格。作为人类行为的真正驱动力的性格结构，才是这个人的真实存在。通常意义上来讲，行为只不过是一个人穿戴起来的面具，行为主义者的主要工作就是研究这副面具，在他们看来，这副面具（人的行为）才是能够观测到的、最可靠的事实。而真正的洞见却聚焦于一个人内在的既不容易被意识到、也不容易被观测到的实相。而正是弗洛伊德的伟大发现。

弗洛伊德的性格理论是一种动力性格理论。该理论认为，性格是人的行为驱动力，也是导致人的外在行为表现与内在真实不一致的根本原因。弗洛伊德设计了精神分析治疗的一些方法（如自由联想、梦的解析等），用以探寻那些在一个人的童年早期就被压抑的本能欲望的蛛丝马迹。随着精神分析理论与精神疗法的发展，社会因素成为更被重视的致病原因，治疗师会更倾向于探寻一个人在早期的人际交往中所遭遇的创伤性事件，而不是本能受挫的创伤性事件。但治疗的总原则别无二致，即要想消除一个人的症状，就必须寻找到这个人童年时期所遭遇的创伤，无论社会性质的，还是本能性质的。只要被压抑的内容找到，后续的治疗自然水到渠成。

一个人之所以能够被称为正常人，就是因为他具有这个社会的常识（the common-sense）。社会的常识通常被认为是合理的，人们不仅不会怀疑，而且会普遍接受，并将之纳入自己的认知体系当中，作为自己判断的依据和行为的指导。然而，所谓的"社会常识"真的就是这个世界的实相吗？弗洛姆给出了否定的答案。他指出，我们有意识的动机、观念、信念，不过是一些虚假的信息、偏见、非理性激情等的混合物。在这个混合物之中，真理仅占很少的一部分。

然而，就是这很少的一部分使人们坚信，这个混合物是对世界真理的认识。通常，人们会认为意识这一层次所反映的是这个世界的实相，在此基础上，人们构筑认知体系。能够意识到的就是没有被社会压抑的，被社会压抑的，我们也意识不到。在弗洛姆看来，恰恰是这些被社会压抑的、我们意识不到的（处于无意识状态的），才是对世界实相的认识。我们所处的社会决定了哪些内容能够被意识到，进入人们的意识层面；哪些不能被意识到，只能处于无意识状态。除此以外，我们所处的社会还通过制造一些非理性的激情和一些虚构的假象，以便将真理禁锢在社会所宣称的合理的常识之中。也就是说，人们普遍将社会的常识作为真理，殊不知真理已经被压抑。这很容易让人想起柏拉图的洞穴之喻（allegory of the Cave）。久居洞穴中的人，会将影子当作真实。如果仔细比较起来，社会中的人似乎比洞穴中的人还要可怜，因为，洞穴中的人看到的是人的影子，是真理的影子，至少还和真理有关系。而社会中的人呢？看到的则是虚构的假象。

弗洛姆进一步指出，对于真理，其实人们有一种"无意识的知"（unconscious knowledge）。也就是说，人们对于真理的知并没有进入意识层面，不能为人们所意识到。然而，在人们的意识松懈的时候，被压抑在无意识中的真理也会显露出来。例如人在做梦的时候，梦的内容是杂乱无章的，然而在精神分析学家看来，却并非如此。梦包含了相当丰富的信息，是人们窥探无意识的重要渠道。人们在睡觉的时候，意识就会松懈下来，对于无意识的防守基本上就不存在了，这正好留给了无意识展现的机会。因此，在精神分析学家看来，梦从本质上来说，就是无意识借以展现的形式。除了梦以外，无意识展现的渠道还有很多种。比如，在口误的时候，在精神恍惚的时候。在社会中，人们之所以在自觉或不自觉地压制无意识，是因为这些"无意识的知"是如此不同寻常，如此有悖于社会常识。对于人们来说，构建在社会常识基础上的认知体系的坍塌，是一件令人不安、难以忍受的事情。

弗洛姆由此是，一个"重存在"的人必然具有突破常识禁锢、穿透现象迷雾，进而把握世界实相的能力。一个向"重存在"生存方式转变的人，必然意味着这个人对世界实相认识能力的提高。

（三）奉献性

人们普遍以为，占有这一倾向如同懒一样，也是根植于人之本性之中的，是无法改变的。倘若没有利益的诱惑和对惩罚的恐惧，人们就会选择无所事事。我们的教育方法和工作方法正是建立在人们这一认知的基础之上的。在弗洛姆看来，占有和存在是人之固有的两种潜能。人生而就有一种根深蒂固的存在倾向，其主要表现为展现自身的能力，表现积极主动，与他人联系，逃出自私的窠臼。无论是动物行为、神经细胞，还是婴儿行为、学习行为、劳动行为，以及社会和政治生活中的大量事实，都以铁的事实证明，存在的倾向乃人生而有之。

弗洛姆详细地阐述了在美国和德国一些富裕家庭中出现的现象。这些富家子弟感觉自己的生活是如此枯燥乏味，以至于他们不愿继续忍受这种毫无意义的生活。于是，他们离开家庭，寻找一种新的生活方式。他们并不满足于此，而是想将一些富有建设性的意见付诸实施。但是他们过分估计自己的能力，缺乏生活经验和政治智慧，因此容易遭遇失败。于是，他们组成所谓的革命团体，尝试通过破坏行为达到拯救世界的目的。然而，他们这么做，却在不知不觉中助长了社会的暴力倾向。在长期的失望中，他们失去了爱的能力，而代之以自我牺牲的愿望。弗洛姆叹息道，我们的社会制度使一批如此优秀的年轻人陷入孤独与绝望，以至于除了破坏和自我牺牲以外，他们找不到冲出绝望的道路。

与他人融合的欲望，深植于人的本性之中，也是人的行为的强大驱动力。本能的降低和理性的发展，使人类失去了与自然的原初的合一状态，踏上了孤独的旅程。这种孤独，很容易让人精神失常。因此，为了摆脱孤独的状态，人类需要寻找一个新的统一。与他人融合，就是这种新的统一。这种统一可以表现为多种形式，比如与母亲的统一，与民族的统一，与阶级的统一，与某个群体的统一等。人们对孤独的恐惧远远大于对死亡的恐惧甚至于宁愿选择死亡，也不愿意去忍受孤独带来的痛苦。

弗洛姆总结道，"占有"和"存在"是人生而就有的两种倾向，前者源于人之渴望活着和自我保存的生物本能，后者源于人之为克服孤独而与他人融合的精神需要。至于哪种倾向能够占主导地位，哪种倾向处于被抑制状态，则取决于人们所处的外在环境，即社会的经济政治结构。这就意味着，一个"重存在"的社会是可以实现的，关键在于如何改造社会环境，使人的"存在"倾向全面压倒"占有"倾向。在资本主义工业社会中，人的"存在"倾向遭到了抑制，"占有"倾向处于主导地位，致使利己主义大行其道。资本主义工业社会以利润、私有财产、权力为三大支柱，只能形成市场型社会性格，只能催生出"重占有"的生存方式。因此，只有另外一种完全不同于资本主义工业社会的经济政治结构才能够证明，诱之以利并不是激发人们行为的唯一方法。

第三章

弗洛姆对"重占有"生存方式的批判

弗洛姆对"重占有"生存方式的批判，大多见于《占有还是存在》《健全的社会》《论不服从》等著作中。笔者经过系统梳理和总结发现，他大致从生产、消费、政治、文化、社会生活等方面展开对当代西方资本主义社会"重占有"生存方式的批判。

第一节　"重占有"生产批判

一、量化与抽象化：资本主义生产的特征

在批判"重占有"的生产之前，弗洛姆论述了量化（quantification）与抽象化（abstractification）这一资本主义的基本经济特征。弗洛姆指出，在中世纪，工匠生产的东西供应给固定的客户，因为客户的人数不多，所以根本用不到资产负债表。对于资本主义工业社会的生产来说，没有资产负债表将寸步难行。原材料、生产设备、劳动力、产品等都必须以货币的形式量化在资产负债表上。唯有如

此，资本家才能以直观的形式了解企业的生产经营状况，才能更好地安排接下来的生产。这就导致人被当成了抽象的数字，而不再是活生生的、有血有肉的人。资本家被抽象的账面数字——利润所驱使，为占有更多利润，他们只关心生产什么、如何生产更多产品、怎样尽快将产品销售出去，至于生产的最重要目的——满足人们的真正需要，并不在他们重点考虑之列，这也成为导致 资本主义社会周期性经济危机的一个因素。

在弗洛姆看来，劳动分工的日益精细化是资本主义工业社会生产的另一个特征，这一特征势必造成一种结果——生产的日益抽象化。劳动分工能够提高劳动生产率，普遍存在于经济活动中，即便是在原始社会，也存在着男女之间的劳动分工，只不过在资本主义工业社会，劳动分工的程度远远高于之前的一切社会形态，达到了精细化的程度。在中世纪，劳动分工存在于不同的生产领域，不同的生产领域还是一个整体。一个木匠在制作椅子的时候，从准备工作到椅子被制作出来，都是由他一个人完成的。他掌握整个生产过程，熟悉了解每一个生产步骤，木匠的生产过程是一个整体。而到了资本主义工业社会，同一生产领域不仅出现了劳动分工，而且日益精细化。比如说小轿车生产被分成许多道工序，而一个工人只负责一道工序，根本接触不到产品生产的整个过程，这也意味着，他与作为一个整体的具体产品没有联系。他以类似机器的方式在生产线上工作着，做着机器暂时还不能做的工作。

二、量化与抽象化导致劳动的异化

弗洛姆认为，劳动是人和动物的本质区别。一个人只要劳动，他就已经超越了动物世界，而上升为人。在劳动的过程中，人不仅改造了自然界，满足了自身需求，而且还创造了人本身。也就是说，劳动创造了人。劳动既使人从与自然的一体状态中分离出来，又使人与自然重新合而为一。在改造自然的过程中，人增长了技能，发展了合作能力、审美能力、理性、创造力。劳动不仅能创造物质财富，也能带给从事劳动的人一种满足感。劳动是人的本质和力量的展现，人的本质和力量也只有通过劳动才能展现出来。资本主义工业社会在劳动的作用和意义发生了变化。对工人来说，劳动成了维持生计的手段。他不得不出卖劳动力以赚取工资，养家糊口。在生产线上，他所负责的工作只是整个生产的一个部分，没有机会一窥产品全貌。在这种情况下，工人不可能关心产品的经济意义和社会意义。工人被安置在生产线上的某个位置，以完成产品生产的一道工序，至于整个生产线的组织与管理，则和他没有关系。在生产线上，工人只不过是机器的一个部分，人成了机器的奴隶，成了机器的一个部分，而不是掌握机器的积极力量。有鉴于此，弗洛姆给资本主义工业社会中工人的工作下了一个具有讽刺意味的定义，"人的工作就是完成目前机器还不能做的事"。[①]

在资本主义工业社会，对于工人来说，工作的目的很纯粹，就

---

① Erich Fromm. The Sane Society［M］. London and New York：Routledge，2002：175.

是为了赚钱。工作是件枯燥的、单调的、令人不愉快的甚至是令人呕吐的事情，让人感觉不到尊严和重要性。在工作中，工人感觉不到任何快乐，更别说幸福了。如果有足够的钱养家糊口、维持生计，他会立刻从生产线上消失。对此，弗洛姆指出，一旦工作沦为赚钱的一种手段，它本身也就失去了作为人类活动的意义。关于资本主义工业社会中工人劳动的异化问题，马克思的论述最为精辟。他指出："劳动对工人来说是外在的东西，也就是说，不属于他的本质；因此，他在自己的劳动中不是肯定自己，而是否定自己，不是感到幸福，而是感到不幸，不是自由地发挥自己的体力和智力，而是使自己的肉体受折磨、精神遭摧残。因此，工人只有在劳动之外才感到自在，而在劳动中则感到不自在，他在不劳动时觉得舒畅，而在劳动时就觉得不舒畅。因此，他的劳动不是自愿的劳动，而是被迫的强制劳动。因此，这种劳动不是满足一种需要，而只是满足劳动以外的那些需要的一种手段。劳动的异己性完全表现在：只要肉体的强制或其他强制一停止，人们就会像逃避瘟疫那样逃避劳动。"①

三、劳动的异化催生"重占有"的生存方式

弗洛姆将资本工业社会中工人与工作的关系归咎于整个社会组织，即资本主义制度。工人是被雇用的，只需要做好被安排的工作即可，除此之外，他不需要负任何责任。因此，在工作中，工人不可能有积极性、主动性、创造性。在弗洛姆看来，工业资本

---

① 马克思恩格斯文集：第1卷 [M] . 北京：人民出版社，2009：159.

家以适合完全异化的人的策略对待工人，其出发点就没有把工人视为一个包含了人的所有潜能的真正的人来。工作本质的异化导致人的潜能无法在工作中得到发挥，满足感也就无从谈起。

工作本质的异化导致人出现如下两种状况，一是追求彻底的被动性，在日常生活中的常见表现是懒惰。二是潜意识中的对工作以及与工作有关的一切的厌恶与排斥。很多商人在偶然间都会或多或少地感觉自己像一个奴隶。表面上他掌握他的生意，他拥有他的产品，他可以决定生产或者不生产。可实际上，他却是他的生意和产品的奴隶。除了生意上的成功所带来的短暂的开心之外，他感觉不到快乐与幸福。这些念头虽然只是存在于他的潜意识中，只有在某个时间点才被意识捕捉到，但他会毫不犹豫地将这些能够带给他不安与恐惧的念头再次压抑到潜意识中。

第二节　"重占有"消费批判

一、金钱为"重占有"的消费提供了可能

弗洛姆指出，金钱为"重占有"的消费提供了可能。在日常生活中，人们对于用金钱的方式获取自己想要的东西习以为常、司空见惯，然而在弗洛姆看来，这是获得东西最古怪的方式。对于一个有钱的人来说，他几乎可以得到任何他想要的东西。即便他没有艺

术鉴赏力，但他依然可以拥有一幅精妙绝伦的绘画；即便他五音不全，对音乐一窍不通，但他依然可以出入全世界顶级的音乐盛典；即便他对读书没有兴趣，但他依然可以买下成千上万的书，甚至买下一座图书馆。用马克思的话说就是："凡是我作为人所不能做到的，也就是我个人的一切本质力量所不能做到的，我凭借货币都能做到。"① 显然，这是一种异化的获取方式。

而符合人性的获取方式——"重存在"的获取方式是，付出与想获得的东西在性质上相称的努力。所谓"与想获得的东西在性质上相称的努力"，马克思在《1844 年经济学哲学手稿》中作出了精辟阐述："我们现在假定人就是人，而人对世界的关系是一种人的关系，那么你就只能用爱来交换爱，只能用信任来交换信任，等等。如果你想得到艺术上的享受，那你就必须是一个有艺术修养的人。如果你想感化别人，那你就必须是一个实际上能鼓舞和推动别人前进的人。你对人和对自然界的一切关系，都必须是你的现实的个人生活的、与你的意志的对象相符合的特定表现。"②

二、"重占有"消费的实质

弗洛姆以食物与饮料为切入点，向读者阐述了"重占有"消费的实质。他指出，人们吃一种面包，虽然这种面包的味道一般，可能也没什么营养，但是这并不能阻止人们对这种面包的消费热情。

---

① 马克思恩格斯文集：第 1 卷［M］. 北京：人民出版社，2009：246.
② 马克思恩格斯文集：第 1 卷［M］. 北京：人民出版社，2009：247.

因为这种面包已经超出了食物的范畴，投合了人们关于财富和身份的幻想，实际上人们不是在吃一种面包，而是在吃一种幻想，人们与吃的东西失去了联系。人们喝可口可乐，实际上喝的是一种商标，一句广告标语，一种大众文化，一种时尚。至于味道，人们不会太在意。可口可乐也超出了饮料的范畴，人们与喝的东西也失去了联系。至于物品的消费，在弗洛姆看来，情况则更糟。人们对物品的消费欲望，都是被广告制造出来的。广告犹如催眠剂一般，使人们进入一种催眠状态。在这种催眠状态中，人们失去了理性和判断力，变得感情用事和易受影响。弗洛姆对消费的本质有深刻的洞察：消费行为应该是一种具体的人的行为，在这种行为中，掺杂了人的感觉、身体需要和审美。也就是说，在消费中，人是具体的、有感觉的、有感情的、有判断力的。因此，消费行为应该是一种有意义的、充满人情味的、富于创造性的体验。而在资本主义工业社会中，消费异化为"重占有"的消费。人们消费的一个很重要的原因是为了满足对人为制造的幻想，这也意味着，消费行为变成了满足人为制造的幻想的行为。于是，人的存在（消费行为）与人的本质（真正的需要）分离了。

关于人与所消费之物的疏离，弗洛姆进一步指出，在日常生活中，人们被一些人类制造出来的物品包围。电话、收音机、电视机、小轿车等是日常生活中的稀松平常之物，对这些东西，人们熟悉得不能再熟悉，同时又陌生得不能再陌生。人们对这些物品虽然已经司空见惯，但对于其内部结构和工作原理却无比陌生。

在日常生活中，人们获得某样东西不是为了使用，而仅仅是为了占有，并从这种无用的占有中获得满足。就像有的人频繁更换小轿车一样，并不是因为之前的小轿车不能使用了，而是为了满足攀比、炫耀的心理。小轿车本身成为他身份的象征，成为显示自我存在的工具。在这些人的观念中，"我"就是"我"所拥有的东西，"我"所拥有的东西越多，"我"也就越强大。因此，为了显示"我"的存在，"我"必须占有一些东西；为了彰显"我"的强大，"我"必须占有更多的东西。正是因为"我"的占有物，"我"获得了身份感和安全感。失去占有物，也就意味着失去身份感和安全感。因此，"我"会极力保护"我"的占有物，并使其不断增值。

三、"重占有"消费的后果

弗洛姆指出，人们异化的、"重占有"的消费方式（不是以真实具体的人来消费真实具体的物），必然使人们难以得到满足。因此，人们会不断购买更多的东西。随着社会经济的发展和人们生活水平的提高，人们购买更多更好的东西并无可厚非，但问题的关键在于，人们的消费是否源于内在的真实需要。令人遗憾的是，人们消费的欲望已经脱离了内在的真实需要。从实质上来说，消费的终极意义在于给人提供一种幸福的生活。换言之，消费是通往幸福生活的手段。但在资本主义工业社会，消费成了消费的目的人成了消费欲望的奴隶，听其摆布。为了满足消费的欲望，人们不得不依附于能够满足自己消费欲望的人或者机构。马克思对此作了精辟论述：

"每个人都指望使别人产生某种新的需要，以便迫使他作出新的牺牲，以便使他处于一种新的依赖地位并且诱使他追求一种新的享受，从而陷入一种新的经济破产。……因此，随着对象的数量的增长，奴役人的异己存在物王国也在扩展。"①

在资本主义工业社会，消费成了人们的一种非理性行为，人们消费纯粹就是为了消费，至于所购买之物的使用价值以及在使用过程中能否带来的精神上的快乐，并不是重要的事情。人们追求新的东西，当更新的东西出现时，人们就会抛弃旧有的东西，对于人们异化的、重占有的消费，弗洛姆指出，这不仅表现在对商品的消费上，也表现在对非商品的消费上。一个"重占有"生存方式主导的人，其消费必然也是"重占有"的、异化的消费。这种人在消费电影、球赛、讲座、旅游时，就像在消费手机、小轿车等商品时一样，都是在尽可能多地去占有，消费欲望受到广告的支配，人与所消费之物存在疏离，唯一不同的就是所消费的对象——实物与非实物的区别。"重存在"的消费是一种创造性活动。在这种活动中，人会发生某种实质性变化。比如说一个人看了一场电影或者听了一场讲座以后，他就不同于之前的那个他了。而在"重占有"的消费中，人没有发生任何实质性变化，唯一不同的，就是留下了一些记忆而已。如自己他曾经看过某个电影或听过某场讲座。

---

① 马克思恩格斯文集：第 1 卷 ［M］. 北京：人民出版社，2009：223.

第三节　"重占有"政治批判

一、资本主义民主制是异化的民主制

在弗洛姆看来，所谓的"民主制"应当是全体人民共同决定自己的命运，就一些关乎全体的事务共同商讨、共同决定、共同遵守、共同执行，而不是由一个人或者一小部分人决定共同体的命运。如果共同体太大，那就可以采取代表制的形式，即人们选举自己的代表组成议会，由这些代表共同商讨并决定共同体事务。国家机关以分权制原则建立，实行立法、行政、司法三权独立而又相互制衡。民主制的理想状态是，每个公民都能对决策产生影响，并平等地对决策负责。在一个贫富差距较大的国家实行民主制，较富有的特权阶层为了维护自己拥有的特权，会极力压制普通民众的选举权，不让其发出声音。我们现在所看到的资本主义国家的不限财产、不限性别、不限种族的普选权，都是普通民众经过长期奋斗获得的。从资本主义国家普选制的实施效果来看，普选制的实施并没有使公民成为有责任心的、积极的、独立的人。

弗洛姆指出，在资本主义工业社会的政治选举中，人作为被品位、见解、喜好等操纵的异化的机器人，并没有表达出自己的真正意志。人们的购买行为并不是基于自己的判断，而是基于广告的大

肆宣传。这就意味着，人们的品位被操纵了，人们购买牙膏并不是自己真实意愿的表达。在选举中，人们在投票选举某个候选人时，会受政治宣传的影响。从性质上来说，这和他们购买某个商品时没有什么两样。与此同时，政治候选人在竞选团队的帮助下，向选民兜售自己的政治观点和政治理念。他们大肆包装自己，通过各种渠道、使用各种方法，在人们面前全方位展示自己，甚至喊出一些不切实际的竞选口号，作出一些言过其实的政治承诺。因此，在弗洛姆看来，"民主国家的政治机器的运转方式与商品市场的运转方式并没有本质上的不同"。①

政治候选人一旦当选，同选民的关系就会日益疏远。换言之，一旦选举结束，人们对当选者就会变得无能为力。表面上，人们通过投票选举，选出自己中意的候选人代表自己，候选人当选后所做出的决定、制定的政策代表了自己的意志与行为。事实却是，人们对国家政策所起的作用并不比一般股东对公司的决策所起的作用大多少。在弗洛姆看来，人们与国家的关系类似于小股东与大公司的关系。大公司的所有权掌握在股东手中，股东有权决定大公司的政策，并任命管理人员。然而大公司的股东成千上万，且以小股东居多，这就导致小股东对大公司并没有什么责任感，既不过问公司如何经营、如何管理，也不愿意出席股东大会。同理，人民作为国家的主人，对国家事务应该表现出热情、关心、责任感、使命感。事实却是，人们对政治表现出冷漠，甚至不愿意参加投票选举。

---

① Erich Fromm. The Sane Society［M］. London and New York：Routledge，2002：181.

导致这种现象的主要原因是，人们对政治事务丧失了现实感。在处理个人事务时，人们有强烈的现实感，会积极参与其中，并表现出强烈的责任感。人们不去参加投票，是因为人们心里清楚，一旦选举结束，以后所发生的事情就与自己无关了。人们讨论政治事务又能如何呢？能够影响政治决策吗？答案显然是否定的。因此，人们会表现出对政治事务的冷淡，长此以往，也就无法发展出与政治相关的能力。弗洛姆由此提出："一个人在行动之前必须思考，当人没有行动的机会时，思维也就变得贫弱了。换言之，如果一个人不能有效地行动，他也就无法进行建设性的思考。"①

二、匿名权威的兴起

（一）理性权威与非理性权威

在弗洛姆看来，权威可分为理性权威（rational authority）与非理性权威（irrational authority）两类。非理性权威又称"起抑制作用的权威"（inhibiting authority）。理性权威建立在爱、感恩等积极情感因素的基础之上，目的是帮助对象成长与发展。而非理性权威则建立在仇恨、厌恶等消极情感因素的基础之上，目的是剥削与抑制对象。理性权威倾向于自我消解，这是因为当对象成长与发展起来之后，理性权威也就没有存在的必要了。而非理性权威则倾向于永久存在，这是因为只有权威永续存在，其对对象的剥削与压榨才能

---

① Erich Fromm. The Sane Society ［M］. London and New York：Routledge，2002：185.

持续下去。

弗洛姆以师生之间的关系与奴隶主和奴隶之间的关系为例，对理性权威与非理性权威进行了阐释。他指出，老师对学生表现出的权威就是理性权威的典型代表。老师对学生是爱护与关心，学生对老师是敬重与感激，两者之间弥漫着一种积极情感。学生的成长，是老师满足感与成就感的来源。学生一旦成长起来，两者之间的权威关系就宣告结束了。而奴隶主对奴隶表现出的权威就是非理性权威的典型代表。奴隶主对奴隶充满轻蔑，奴隶对奴隶主则充满憎恨，两者之间弥漫着一种消极情感。奴隶主对奴隶剥削与压榨得越多，就越感到满足。如果奴隶成长起来，奴隶主的利益就会受到损害，因此，奴隶主会抑制奴隶的成长。就奴隶而言，对奴隶主充满憎恨又如何呢？这除了会让自己更加痛苦以外，没有任何的助益。于是，奴隶会压抑对奴隶主的憎恨，代之以盲目的崇拜。这样既可以缓解憎恨感，又可以缓解屈辱感。弗洛姆由此指出，在非理性的权威关系中，憎恨的情绪与盲目的崇拜必有其一占据主导。

（二）公开权威与匿名权威

无论是理性权威还是非理性权威，都具有公开性，即两者均为公开的权威（overt authority）。到了资本主义工业社会，公开的权威被匿名的权威取代。权威的行使者虽然不见了，人们的行为却出奇得一致。匿名权威（anonymous authority）的恐怖之处在于，人们虽然按照权威行驶者的命令做了，却认为自己是在按照自己的意志行事。由于匿名权威的隐匿性，人们甚至都察觉不到，遑论反抗。弗洛姆提出，匿名权威在很大程度上是资本主义生产方式的产物。这种生产方式要求人们能够快速适应机器，遵守纪律，品位相同，自愿服从。

在同非理性权威的斗争中，人们的人格得到了发展，能够体验到自我。即便是屈服了、失败了，人们依然能够体验到那个失败的自我。而在匿名权威面前，人们成了匿名权威的俘虏，不仅按照匿名权威的指示行事，还生活在自由意志的幻象之中。

弗洛姆指出，自动求同是匿名权威的运行机制。"我"应该去做每个人都在做的事，其他人的行事准则就是"我"的行事准则。对于"我"的行事来说，对错无关紧要，重要的是有没有与社会其他成员保持一致。什么是善？善就是与他人保持一致。何为恶？恶就是与众不同。对于"我"来说，随着社会的变而变，是恒定不变的事情。如果"我"没有与社会其他成员趋同，就会受到严厉的制裁。这种制裁不仅包括有形的惩罚，还包括排斥等无形的惩罚。人对被排斥的恐惧甚于死亡，是因为融入群体的需要根植于一个人的内心深处。换言之，对被排斥的恐惧，促使人与他人保持一致，自动求同。

第四节 "重占有"文化批判

一、市场指向型社会性格："重占有"文化产生的根源

资本主义工业社会的文化是"重占有"的文化，这种文化建立在市场指向型社会性格（the marketing orientation）的基础之上。弗洛姆指出，在当代社会，人把自己体验为一种商品，人的价值更多地体现在交换价值上，而不是使用价值上。整个社会是一个巨大的人格市场，而人则是其中的商品。在人格市场上，相较于技能与品格而言，人格因素才是起决定性作用的因素。换言之，成功取决于一个人的人格被市场认可的程度，而哪种人格更受市场的欢迎，则取决于一个人所从事的职业。因此，满足职业所需是对人格的基本要求。

置身于资本主义工业社会中，人们仅仅拥有完成一项工作的技能是不够的，还必须祭出自己的人格。究其原因在于当今资本主义工业社会的成功标准，在于人格的受欢迎程度。于是，人们把自己体验为一种商品，这就导致人们把关注点放在如何使自己变得更加畅销上，而不是人本身的幸福。对于市场性格来说，其目标就是完全的、彻底的适应。于是，具有市场性格的人便没有了自我，或者说没有一个固定的"自我"。因为他的"自我"是随着人格市场要

求的变化而变化的。市场性格的人所秉持的原则是，"你要求什么，我便成为什么"。

在弗洛姆看来，具有市场性格的人是一群以最高效率做事、永不止步一往无前的人。如果被问及为何要高效率运转，他们的回答往往是"为了使家人能够过上更好的生活""为了在工作上能够小有成就"等。对于"人为何而生""人为何以这样的方式生存而不是以另外一种方式生存"等哲学或宗教问题，他们几乎不感兴趣。具有市场性格的人拥有不断变化的、在市场上大受欢迎的"自我"。他们就像洋葱头一样，内在没有一个中心。他们只拥有外部自我感，但外部自我感是虚假的、不真实的，唯有内部自我感才能给人带来真正的力量。在弗洛姆看来，现代社会的"身份危机"正是源于人们变成了没有自我的工具。一个在不断迎合人格市场的人，别说内部自我感了，甚至都没有稳定的外部自我感。因为要不断迎合人格市场，所以他没法建立稳定的"自我"。如果建立了一个稳定的"自我"，那他又如何去迎合不断变化的人格市场呢？一个沦为工具的、没有自我的人，当然会出现身份危机。

弗洛姆指出，市场性格的运行建立在理智的基础之上，因此市场性格和情感格格不入。无论是积极情感还是消极情感，都有悖于市场性格的目标——出售和交换。也就是说，市场性格不讲情感，只讲表现，表现好坏的衡量标准就是有没有成功出售与交换。因此，凡具有市场性格的人，一般都不会表现过多情感，这不仅表现在他与别人的关系上，也表现在他与自己的关系上。也许正是基于这个原因，具有市场性格的人，在明知核武器和生态破坏能够带来灾难的情况下，却依然无动于衷。一个没有情感的人，又怎么可能对人类面临的危险表现出关切呢？不仅如此，具有市场性格的人对物也持一种无所谓的态度。在日常生活中，虽然他们乐于消费，但似乎对所购买之物并没有表现出多大兴趣。对于他们来说，隐藏在所购之物背后的面子或慰藉才是最重要的。一旦人们成为理智的、没有情感的具有市场性格的人，在没有理性控制的情况下，人类就有走向自我毁灭的危险。危险的程度与理智受理性控制的程度成反比，也就是理智受理性控制的程度越低，则危险越大。市场指向的社会性格势必衍生出控制论崇拜。人类得益于科技的迅猛发展，在改造自然的道路上纵横驰骋，变得狂妄自大，甚至以为可以凭借科技的力量而变得无所不能。最终的结果是人类不再是科技的主人，而成了科技的奴隶。更令人遗憾的是，人类依然执迷不悟，崇拜控制论，无视科技已经给人类社会带来的灾难。

二、社会文化的抽象化倾向

弗洛姆指出："人同某一物体发生的创造性的、完全的联系包含着这样一种对立：既看到物的特殊性，又看到物的一般性，既看到它的具体性，又看到它的抽象性。"[1] 在当代西方文化中，人们只关注人和物的抽象性和一般性，对于具体性和特殊性往往视而不见。于是，人们与其他人或物的创造性关系，被异化的、"重占有"的关

---

[1]　Erich Fromm. The Sane Society ［M］. London and New York：Routledge，2002：111.

系所取代。在日常生活中，人们常常听到"一座三百万美元的桥""一块一万块钱的表""一部八千块钱的手机"等表述。这类表述无疑表明人们关注的重点在物的交换价值。"一块一万块钱的表"突出的是表的交换价值，即要想得到这块表，必须付出一万块钱。此外，在一部分人眼中，玫瑰并不是玫瑰，而是一种能够在一定场合使用的、需要花费一笔金钱购买的花。对于人们将玫瑰抽象化、一般化的做法，美国作家格特鲁德·斯坦（Gertrude Stein）以"玫瑰就是玫瑰就是玫瑰"作为回应。

即便是一件已经买回来的东西，人们依然会将其视为商品，其依然具有交换价值。最典型的例子就是小轿车。在西方，人们购得小轿车以后，会在其使用价值消耗殆尽之前将其出售。弗洛姆指出，人们对物的抽象化态度不仅存在于商品领域，还波及其他领域。例如新闻媒体在报道一场水灾的时候，或许会说这是一场"一百万美元的大灾难"。但这样的报道强调的是抽象的数字，而不是灾区人们所遭受的具体苦难。在日常生活中，我们时常听到"某人值一百万美元"，其显然把这个人当成一个抽象的、可以用数字量化的东西，而非一个具体的现实的人。"福特生产了大量的汽车""某将军攻占了一座要塞""我盖了一座房子"等表述，同样反映了说话人的抽象化倾向。很显然，生产汽车的并不是福特，而是成千上万的产业工人；攻占要塞的也不是某将军，而是那些奋不顾身、英勇无畏的士兵；具体盖房子的也不是"我"，而是那些建筑工人。弗洛姆强调，自己举这些例子并不是要否定指挥、管理的价值，而是要告诉读者，这种抽象化的体验事情的方式会使具体的事情从人们眼前消失。

　　在弗洛姆看来，抽象化倾向还有一个更为深刻的根源，那就是人类社会历史进程的推进。在原始社会，人们的眼界有限，故对于他们来说，部落就是整个世界，是宇宙的中心。随着人类历史进程的推进，科学技术的迅猛发展，直到19世纪末还存在的自然与社会的具体性和确定性开始逐步消解。认知领域的极大拓展，在开阔人类眼界的同时，也在极大程度上超越了人类感官可以感知的范围，从而使人类意识到，自己并不是这个可控的、可知的世界的主人，只不过是宇宙中微不足道的尘埃，与任何事物都没有任何一种具体的联系。人们谈论行星间的距离有数千光年，谈论宇宙飞船，谈论时光机器等，因为这些东西已经远远超出了人的感官可以具体感知的范围，因此人们不得不依靠抽象思维来把握。弗洛姆指出，具体性被抽象性取代，会造成一些严重后果。

　　由于科学、商业、政治等业已超出了人类的感知能力所能感知的范围，人们生活在数字和抽象之中，没有什么是具体的，也就意味着没有什么是真实的，一切皆有可能。人被扔出了自己可以俯视和掌控的个人生活与社会生活的确定之所，眼前的一切变得不再确定，也超出了自己的掌控。人被驱使着在抽象的生活中忙碌着，越来越远离具体的生活，而驱使他的力量最初恰恰就是由他自己所创的。

三、"欲望不受阻"的社会文化

弗洛姆指出，与 19 世纪的资本主义社会文化形成鲜明对照的是，20 世纪的资本主义社会文化中充斥着"欲望不受阻"的信条（the principle of nonfrustration），即每一个欲望都应该被立刻满足，所有的愿望都不应受阻。19 世纪，人们会在攒够了钱以后再去购买需要的东西，而如今，人们不仅会购买需要的东西。在购买方式上，人们会以贷款的方式购买，而这被视为"理所当然"，甚至是一种"美德"。广告会极大刺激人们的消费欲，禁受不住诱惑的人，就会买买买。于是，人们不知不觉间就陷入了一个怪圈——分期付款购买一样东西，当贷款还清之时，人们就会将其卖掉，然后再分期付款购买最新的款式。

弗洛姆进一步指出，欲望应该被即时满足的信条也深深地影响了人们的思想观念。在世人眼中，神经症的产生源于内心的压抑和性的关系，而压抑又会造成心灵的创伤，因此，压抑越少，人的心理就越健康。于是，父母们一方面千方百计地满足孩子的需要，生怕孩子受挫会造成某种"情结"。另一方面，一旦看到孩子有什么"风吹草动"，就忧心忡忡地向精神分析师求助。

在弗洛姆看来，对欲望的无休止满足和匿名权威导致的结果一样——自我的瘫痪，直至最终的自我毁灭。如果"我"没有延迟愿望的满足，那么"我"的内心就不会有冲突，不会有疑虑，也不需要花费心思去做任何决定。"我"从不与自己独处，也根本没有与自己独处的时间，因为"我"总是很忙——要么在拼命工作，要么在尽情玩乐。"我"没有意识到"我"自己（真正的自己，即内部自我感）的需要，因为"我"始终在尽情享乐，通过享乐，"我"找到了自我感（外部自我感），确证了自己的存在，在外部自我感的支撑下，"我"能够暂时排解失去内部自我感带来的焦灼感。对于"我"来说，这足够了，没有找寻内部自我感的需要。在"欲望不受阻"的社会文化中，"我"是什么呢？一言以蔽之，"我"就是欲望与满足的综合体。欲望—实现欲望—满足—新的欲望—实现欲望—满足……如此循环往复。人们陷入这种怪圈之中，无法自拔。为满足当前经济体制刺激出来的欲望，人们不得不工作以换取报酬。这些欲望大多数是人为制造出来的。

人们在消费和"摄取"的满足中享乐。商品、风景、食物、饮料、香烟、讲座、书籍、电影，甚至人，都在消费和"摄取"之列，似乎整个世界都是人类欲望的对象。如果不从"欲望不受阻"的信条中跳出来，人们将永远走不出满怀期待与满怀失望的怪圈。对于"欲望不受阻"的生活，有些人开始认为这种生活不充实，是在自我作践、虚度光阴，看着时间如流沙般从指缝流过，他们感到焦虑、内疚，向精神分析师诉说自己的烦恼。于是，弗洛伊德发明的富于创造性的用于探索人之内心世界的"自由联想"这一技术手段走向了它的反面，精神分析的危机开始显现。①

----

① Erich Fromm. The Sane Society［M］. London and New York：Routledge，2002：161 -
162.

四、教育的"重占有"倾向

弗洛姆指出，当前社会教育的"重占有"倾向表现在，人们学习知识，其目的并不是究真理，而是怀揣着功利化的目的，为了以后能够在市场上将所学知识"变现"。因此，我们可以看到，从小学到大学，人们学习的目的就是不断积累尽可能多的迎合市场需要的知识。由于学生用于积累这些知识的时间过多，以至于他们已经没有时间和精力用于思考了。激励人们接受更好教育的，不是对知识本身的兴趣，而是知识能够给予的交换价值。当今社会，人们对知识和教育表现出极大热情，但人们倾注极大热情的，是那些为市场所需，能够快速"变现"的知识。对于那些与真理有关却无交换价值的知识，人们报以轻蔑态度，甚至不屑一顾、嗤之以鼻。①

弗洛姆认为，在世人眼中，思维的功能在于迅速理解事物以便于能够成功使用。借助于广泛普及而有效的教育，人的智力得到了高度发展，而理性的发展却没能与智力的发展并驾齐驱。人们通过了解事物的表面特性，达到使用的目的。而通过穿透现象的本质，达到揭示真相的目的，反而成了过时的观念。智力测验就是依据世人所认为的思维的功能而设计的，其能测出的仅仅是智力水平，也就是理解事物的迅疾程度。至于理性，智力测验是测不出来的。对于世人所理解的思维来说，借助于定量测量和对比分类是必须的，而对给定现象及其性质的深入分析则显得多余。对秉持这种思维的

---

① Erich Fromm. Man for Himself ［M］. London and New York：Routledge，1999：76.

人来说，他们对所有的问题同样感兴趣，却忽略了在重要性上，并不是所有问题都一样。知识本身成了商品。由此，人也同自身的力量异化了。思维和认知被当成了产出结果的工具。对人类自身的了解，在西方思想的伟大传统中被视为美德、正确生活、幸福的条件，而这一条件现在却沦为一种用作某些目的——更好地掌控他人与自己、市场调研、政治宣传、广告活动等的工具。

第五节　"重占有"社会生活批判

一、人与他人关系的"重占有"倾向

弗洛姆认为，在资本主义工业社会，人与人之间的关系是两个抽象体、两部相互利用的活的机器之间的关系。对 A 来说，B 就是一件商品。同样，对 B 来说，A 也是一件商品。两者之间会相互友好对待，因为他们心里清楚，即便对方现在没有用，或许以后会用得着。人与人之间普遍存在的，是一种表面上的友好，而在这种表面的友好背后，却是距离、冷漠与不信任。人与人之间这种"重占有"的、异化的关系导致了社会纽带的消失。人变成了孤零零的个体，软弱、无助、迷茫，彼此之间相互分离，但却由于谋取私利和相互利用的需要而聚合在一起。

人是一个社会性的动物，在其内心深处有一些强烈的需要——

与他人分享、去帮助他人以及作为一个群体的成员去感受。在资本主义工业社会，这些人的内在的强烈需要体现在不同于个人领域的公共领域范围内。而在个人领域，推动人的行为的，不是与他人的互助互爱，而是为了谋取私利。也就是说，在个人领域，人与人之间的交往原则是利己主义。在资本主义工业社会，社会关系的主导原则正是个人领域的主导原则——利己主义。而对他人的帮助与爱，则是个人的慈善与友好行为，是社会关系的第二位原则。与作为个体的个人生活相分离的，是人们作为公民的社会生活。在这一领域，国家乃社会存在的化身。作为公民，人们应当展现出道义上和法律上的责任感，比如纳税、投票、遵纪守法以及在必要时为国捐躯。关于个人生活与社会生活的分离，弗洛姆举了一个比较贴切的例子。在平时，一个人有可能不会花费一分钱来救济一个陌生人，然而在战时，如果两人同为士兵，这个人会毫不犹豫甚至牺牲性命去救助那个陌生人。在利己主义原则主导的社会，人们更关心的是和个人有关的问题，至于那些事关整体的社会性的、普遍性的问题，人们关注不多。关于这一点，弗洛姆援引了 S. A. 斯托弗（S. A. Stouffer）《共产主义、行为一致与公民自由》中的调查结果。这一调查结果显示，大部分人最关心的还是与个人有关的问题，对于世界问题，只有 8% 的人关心。

二、人与自己关系的"重占有"倾向

除了"重占有"的人与人的关系外，弗洛姆还论述了"重占

有"的人与自己的关系。他将"重占有"的人与自己的关系称为市
场倾向。在市场倾向中,人不把自己视为积极的行为主体、人之力
量的持有者,而是把自己视为在市场上待售的商品。他致力于将自
己成功销售出去。他的自我感来源于他所扮演的社会经济角色,而
不是作为一个能够去爱和思考的个体的活动。如果被问及"你是谁"
这个问题,他会回答,"我是一名教师""我是一名医生"等能够表
明自己社会经济角色的句子。如果一个打印机会说话,在被问及
"你是谁"这个问题时,打印机会回答"我是一台打印机"。人的回
答与物的回答没有什么两样。人从物的角度感知自己,而不是从人
的角度。他不是把自己感知为一个具有喜怒哀乐等丰富情感体验的
人,而是把自己感知为一个具有某种社会经济功能的角色。他的价
值感来源于他的一系列成功,他能否在市场上把自己销售出去,能
否使自己增值,能否成为社会认可的成功人士。他的身体、头脑和
灵魂皆是他的资本,他此生的任务就是把这些资本顺利投资,使自
己获利。人的品质,诸如友善、谦恭、仁慈等,皆成了商品,这将
有助于他在人格市场上能卖个好价钱。把自己视为商品在市场上投
资,如果没有顺利销售出去,他就会感觉自己失败了,如果顺利销
售出去了,他就会感觉自己成功了,因为他得到了市场的认可。这
意味着,他的自我价值感不是依赖自己,而是依赖于外在因素,受
制于市场行情。而市场以决定商品价值的方式决定着人的价值。一
个人的价值不是取决于他的使用价值,而是取决于他能否被顺利销
售出去,能否实现他的交换价值。即便这个人有极高的使用价值,

但如果他不能在市场上被顺利出售，那么他就是没有价值的，他会有一种挫败感。总之，一个人的价值取决于市场的认可。

如果一个人的价值沦落到由市场决定，那么这个人必定会丧失几乎所有的自我感，他不会再感觉到自己是一个独一无二的、不可复制的实体。一个人的自我感来源于这个人的自我体验，即他是自己经历、思想、感觉、决定、判断、行为的主体。众所周知，物没有自我感，如果一个人沦为物，那么他也将丧失自我感。一个汲汲于功名利禄的人，终将丧失自我，犹如一个洋葱头一般，虽然被层层包裹，但在一层层剥开以后，却发现没有一个中心。一个人的自我感丧失以后，其身份感也随之消失，必须重新寻找一个自我感，否则他会精神失常。一个从内部丧失自我感的人，必定会转向外部寻找自我感。如果他能得到社会的认可、其他人的赞赏，也就是说，在别人眼中，他是一个成功的人、有用的人、有价值的人，那么他就重新建立了一个自我感。但这个外部自我感实则是一种假象，是一个人在失去内部自我感以后，为了免于精神失常，而采取的权宜之计，是身体的自我保护机制。只不过这种权宜之计，对大部分人来说，却成了长久之计，终其一生将自己现实的存在建立在虚幻的外部自我感基础之上。"重占有"的生存方式正是建立在外部自我感的基础之上的。须知，唯有内部自我感才是真正的自我感，唯有建立在内部自我感基础上的现实生活，才是真实的生活，才是"重存在"的生活。生存方式的转向，从本质上来说，就是寻回人们丢失的内部自我感。

三、社会生活的"常规化"倾向

在弗洛姆看来，现代生活有两个特点，那就是常规化（routini-zation）以及压抑人类对存在问题的意识。一个人首先要活着，然后才能去做其他的事。为了维持生存，他不得不面对和处理一些费时费力的事情，难免陷入一种规范之中，而这种规范恰恰对于他处理那些费时费力的事情大有帮助。诸如社会秩序、习俗、习惯、信念等规范可以有效帮助人们处理日常事务，并有效减少人与人交往时的摩擦。建立一种社会规范以维护个人利益与群体利益，是每一个文化的特点。然而，这样的话也会造成一些问题。那就是处于社会规范之中的人会丧失对人类存在问题的思考。这一点不难理解，一个生活在社会规范之中的人，难免会陷入人造世界的罗网之中，他对世界的认知全部建立在社会规范的基础之上。他的价值观、人生观、理想、信念、习惯等皆来源于社会规范。于是，他就会把他生活于其中的世界当成真相的世界。他生活于其中的社会很有可能不是一个真相的世界，或者只是一个部分真相的世界，甚至是一个和真相完全没有关系的世界。世界的假象阻隔了人们对真相的认识，也阻隔了人们同自己、同世界的直接联系。

然而，在弗洛姆看来，情况也没有那么悲观。人类也一直在常规化的现实生活中努力探寻存在的问题。即便是在原始社会，人们也会在工具或者武器上做一些装饰，使其看起来更加美观，而不仅仅满足于工具或者武器的实用功能。在希腊戏剧中，人类的存在问题以艺术的方式呈现出来，使人们在观赏戏剧的时候能够触摸到自身的存在问题。而到了资本主义工业社会，这种将人类存在问题戏剧化的做法几乎荡然无存。人们几乎走不出人造的社会规范的窠臼，难以实现常规生活的突破，因此，也就很难接触到人类的存在问题。希腊戏剧在一个高度艺术化和形而上学的层次上呈现人类的存在问题，而现在的呈现方式则沦落到粗俗、庸俗的层次。这样层次的呈现方式所产生的效果自然要大打折扣。由于难以接触到人类的存在问题，人们难免陷入"重占有"的生存方式。

四、社会生活的功利化倾向

在资本主义工业社会，人的生活变得功利化，人们把生活当成投资看待。在日常生活中，这种例子随处可见。如果一个人去听一场音乐会，或者去看一场画展，那么他也同样会忖度，这场音乐会或者画展是否能够匹配他所付出的钱。在弗洛姆看来，这样的比较根本没有意义，因为这是两种不同性质的事物，不存在比较的基础。听一场音乐会或者看一场画展所获得的快乐，是不能用金钱来衡量的。音乐会和画展不是商品，听音乐会和看画展的体验也不是。同理，旅游、看电影、看演出等需要花费金钱的活动，也不能用金钱衡量。这些活动是人的创造性活动，是鲜活的，有生命力的，又怎么能用金钱衡量呢？然而，在现实生活中，绝大部分人都在这么做。他们在做一件事情之前，都会思考一个问题：这件事究竟值不值得？需要花费金钱的事，他们会忖度值不值得花费这些钱。不需要花费金钱的事，他们会忖度值不值得花费时间和精力。总而言之，在这些人看来，无论做什么事都要有利可图，金钱、时间、精力不能白白浪费。他们甚至会将散步看成是对健康的投资。他们之所以散步，就是因为常识告诉他们，散步有益于健康，仅此而已。如果散步对健康无益，那么他们就不会散步。在这些人的观念中，他们不会认为散步是一项令人身心愉悦的运动。他们的问题在于，根本不了解人生的真正意义在哪里。因为不了解人生的真正意义，所以他们就采取一种功利化的态度，凡事都"算计"。在他们看来，所谓有意义的人生必须有力可图。他们把人生看成一桩生意，努力实现人生的顺差，至少实现收支平衡，这才是有意义的人生，值得活的人生。否则，如果人生是逆差，那么在他们看来，这样的人生就是失败的人生，甚至他们会认为这样的人生根本不值得活。

对于这一点，弗洛姆指出这样的观点是荒谬的。在人的一生之中，有快乐，也会有痛苦；有巅峰，也会有低谷；有收获，也会有遗憾。人的一生不可能始终色彩斑斓、一马平川，总会有黯然失色、荆棘丛生的时候。只是有的人比较幸运，色彩斑斓的时候比较多一点，黯然失色的时候比较少一点。而有的人比较不幸，荆棘丛生的时刻总是比一马平川的时刻多。即便一个再光鲜亮丽的人，背后也有不为人知的辛酸；即便一个再黯淡无光的人，也必定有幸福的刹那。因此，幸与不幸不是判断人生是否值得的标准。不能说色彩斑斓的人生才值得过，而黯然失色的人生不值得活。从功利主义的角度判断，人根本就没有必要出生，因为生前无论如何辉煌，死后终究烟消云散。既然终归难免一死，那活着又有何意义？然而，人生价值的计算终究不是以功利主义为尺度。弗洛姆用质朴的语言道出了人生的真谛："谁又能说爱的一刻欢愉，或者因在一个明媚的清晨散步、呼吸清新的空气而产生的愉悦，抵不上生命所必然包含的所有苦难与奋斗呢？人生是独一无二的赠礼和挑战，不能用其他任何东西来衡量。"① 对于这一点，大部分人都应该有深刻体会。一个人无论工作多么劳累、生活多么辛苦，当他看到孩子纯真笑脸的那一刻，当他听到孩子叫他爸爸的那一刹那，他会觉得自己是世界上最幸福的人，所有的苦楚皆抛诸脑后。在他看来，那一刻抵得过所有苦难。在那一刻面前，所有的苦难根本不算什么。因此，对于人生是否值得一活这个问题，弗洛姆认为根本就没有问的必要，也没有合理的答案能够回答这个问题。如果一个人把人生当成一桩生意，以功利主义行事，长此以往还会造成更为严重的后果——自杀。弗洛姆认为，现代西方社会自杀率上升的原因，一个是和生活的无聊与单调有关，另一个是把人生当成一桩生意看待。一个把人生当成一桩生意的人，如果生意亏了，那也就意味着他的人生失败了，一旦遇到没有翻盘机会的情形，那他就很有可能选择自杀。

---

① Erich Fromm. The Sane Society ［M］. London and New York：Routledge，2002：146.

第四章

弗洛姆对实现"重存在"生存方式的路径设想

在弗洛姆看来，从"重占有"的生存方式向"重存在"的生存方式转变，绝非易事，但他依然抱有希望。弗洛姆将"重存在"的社会称为"新社会"，将"重存在"的人称为"新人"，"新人"与"新社会"相互促进。为促使"新人"与"新社会"的形成，弗洛姆从经济、政治、文化、社会、个人等方面提出了一系列措施。这一系列措施几乎贯穿着一条主线，那就是保持人的独立、自由和批判理性。

第一节 弗洛姆对人的生存方式转变的可能性分析

在论述实现人的生存方式转变的路径之前，弗洛姆对这种可能性进行了分析。他认为，人的生存方式的转变是可能的，这要建立在社会性格转变的基础之上。也就是说，新的社会性格是"新社会"的"催化剂"与"稳定器"。那么社会性格是如何影响社会变迁的呢？它与社会变迁的关系是什么呢？对此，弗洛姆进行了详细的阐述，是弗洛姆对历史唯物主义的贡献。

一、社会性格与社会变迁的关系

在弗洛伊德动力性格学说的基础上，弗洛姆引入历史唯物主义，创造性地提出了社会性格的概念，突破了弗洛伊德性格学说的局限。借助社会性格这一概念，弗洛姆阐述了社会存在与社会意识之间具体的运作机制。

（一）社会性格概念的提出：弗洛姆对弗洛伊德性格学说的批判与发展

在弗洛伊德看来，人类的所有情欲皆来自力比多，而真实情况是，人类的情欲还要受到社会历史条件的影响。诚然，弗洛伊德从未把人当作一个孤立的存在，令人遗憾的是，弗洛伊德在探索人的性格的时候仅仅局限于儿童时期的家庭生活环境，而没有将考察背景扩大到整个社会历史条件。弗洛伊德没有意识到，家庭本身也是由阶级和社会结构所决定的。它只是一个"社会代理处"，其职能是将社会性格传送给儿童。① 弗洛伊德之所以将理论的视角囿于家庭环境，是因为他把资产阶级的家庭看成一种在所有的文化中都存在的固定模式，而事实情况是，如果放眼于多种文化，这种家庭模式并非唯一。正因为如此，弗洛伊德没有提出社会性格这一概念，以至于造成了弗洛伊德性格理论的缺陷。

---

① ［美］弗洛姆. 弗洛伊德思想的贡献与局限［M］. 申荷永，译. 长沙：湖南人民出版社，1986：70.

    弗洛姆在继承弗洛伊德的性格理论的基础上，借鉴历史唯物主义，创造性地提出了社会性格的概念。和弗洛伊德一样，弗洛姆也认为人的性格具有动力性，隐藏在人的行为背后并为其提供动力。同样的行为，可能由不同的性格所致；同一个人，也可能有多种性格特征。与弗洛伊德把性格特性的动力解释为源于力比多不同，弗洛姆认为，性格的根本基础在特殊的人与世界的关系中。为了进一步阐述这一点，弗洛姆提出了两个概念——"同化"与"社会化"。这两者是人与世界发生联系的两种方式。"同化"即人为了满足自己的所需，从外部环境获取事物；"社会化"即人与他人发生一定的联系。弗洛姆指出，正是使一个人与世界发生联系的取向，构成了这个人性格的核心。人的性格乃是指在同化和社会化过程中用以诱导人的能量的较固定方式。

    从发生学的角度来说，人的第一所学校是家庭，人的第一任授业恩师是父母，人的性格就是在父母的言传身教与潜移默化的影响下逐渐形成的。而父母培养孩子的模式，又是由置身于其中的社会环境决定的。因此，一个人从儿童时期就开始接受当时社会的意识形态，并逐渐形成了性格，融入社会意识形态的性格自然会驱使他产生社会期望的行为模式。如果一个社会中的大多数人都具有同样的性格特征，那么，这种性格特征就是"社会性格"。在弗洛姆看来，社会性格指的是同属于一个文化时期的绝大多数人所共同具有的性格结构的核心。① 对于社会性格，弗洛姆特别强调，其不是一个统计学上的概念，只有借助于对社会性格功能的研究才能更好地理解这一概念。关于社会性格的功能，弗洛姆提出，社会性格的作用在于能够使社会成员自觉按照社会的要求思考与行动，并且还能够从中得到心理上的满足。也就是说，社会性格把社会为了维系其存在而要求的思考模式与行为模式内化为社会成员自觉的思考模式与行为模式，社会成员会因为符合了或者达到了社会的要求，产生一种心理上的满足感。②

从以上的论述中，我们可以看到，弗洛姆对性格的重新定义，对社会性格的阐述，超越了弗洛伊德建立在力比多理论和家庭环境影响基础之上的性格学说。

（二）弗洛姆对社会存在与社会意识辩证关系的论述

对于社会存在与社会意识之间的辩证关系，弗洛姆在两者之间打入了一个楔子——社会性格。他认为，社会存在与社会意识之间的相互作用是以社会性格为媒介的，社会存在首先影响的是社会性格，进而影响社会意识；社会意识首先反作用于社会性格，进而反作用于社会存在。

第一，社会存在以社会性格为媒介决定社会意识，社会意识以社会性格为媒介反作用于社会存在。社会存在发生变化以后，社会

---

① Erich Fromm. Beyond the Chains of Illusion: My Encounter with Marx and Freud [M]. New York: Continuum, 2009: 62.

② Erich Fromm. Beyond the Chains of Illusion: My Encounter with Marx and Freud [M]. New York: Continuum, 2009: 62.

性格会与之进行动态适应，发展出新的社会性格，以符合新的社会存在的要求。新的社会性格又要求与之相适应的新的社会意识，以缓解新的社会存在引起的人们的焦虑，满足人们的精神需要。由于满足了新的社会性格的需要，新的社会意识巩固、强化了新的社会性格，变社会的外在要求为人们的自觉要求。于是，适应新的社会存在的社会性格成为推动社会发展的强大动力。当社会进一步向前发展，新的社会存在出现以后，旧有的社会性格以及建立在其基础上的社会意识就会成为社会进一步发展的障碍。因此，唯有打破旧有的社会性格和社会意识，建立与新的社会存在相匹配的社会性格和社会意识才能进一步促进社会发展。弗洛姆认为，我们应当正确认识社会存在、社会性格、社会意识三者的作用。社会存在是客观环境，不是心理动力；社会性格是心理动力，但受到客观环境的影响；社会意识则根植于社会性格，并从社会性格中获得支撑。① 由此可以看出，在弗洛姆看来，社会存在、社会性格、社会意识不是孤立存在的，而是一个有机整体，相互联系、相互依存，也只有在这个整体中，三者才能发挥作用。总而言之，社会存在与社会意识以社会性格为媒介相互作用。

第二，社会性格不会无限度适应社会存在。弗洛姆认为，社会存在决定社会性格，这点是毋庸置疑的，人几乎能够适应任何一种社会状况，这点也是千真万确的。然而，人不会无限度地适应社会存在，虽然社会存在决定社会性格，但社会性格并不是对社会存在

---

① Erich Fromm. Escape from Freedom [M]. New York：Avon Books, 1965：325-326.

的被动适应，而是建立在人性基础上的积极适应。这里所说的人性，一是指人所固有的生物学意义上的人性，二是指在人类历史演进过程中变成人之固有部分的文化学意义上的人性。生物学意义上的人性是指吃、喝、睡等生理性需要，那么文化学意义上的人性又是指什么呢？弗洛姆认为，文化学意义上的人性是指发展与实现人之潜能的心理性需要。这些潜能是人类在历史进程中发展出来的，诸如创造性与批判性思维能力、渴望自由、追求正义等。文化学意义上的人性一旦被发展出来，就如同生物学意义上的人性一样，需要被满足，一旦受阻，就容易导致破坏性冲动、共生性冲动等后果。因此，文化学意义上的人性也是人类社会发展的一个重要推动力。如果社会存在忽视、压抑了文化学意义上的人性，那么人们就会联合起来改变这种社会存在，以使社会存在能够满足文化学意义上的人性的需要。总而言之，在弗洛姆看来，除了生产力与生产关系、经济基础与上层建筑之间的矛盾运动以外，文化学意义上的人性也是推动社会变革与发展的动力。虽然社会存在决定社会性格，但社会性格不会无限度适应社会存在。

二、社会性格发生转变的条件

在弗洛姆看来，通过社会性格的转变，人的生存方式是可以实现转变的。大规模的人的性格转变（社会性格）的转变是否有可能？如果可能，那么转变的机制又是什么呢？对于这个问题，弗洛姆给出了肯定的回答。他认为，只要一定的条件存在，人的性格的转变就是能够发生的。弗洛姆将之概括为如下四点：

其一，认识到自身正在遭受苦难；

其二，认识到造成苦难的根源；

其三，认识到有消除苦难的方法；

其四，认识到唯有遵循一些生活准则，改变现有生活方式，才能最终消灭苦难。

弗洛姆分四个步骤论述了弗洛伊德的精神分析治疗方案。第一步，患者正在遭受痛苦，并且能够意识到自身正在遭受痛苦的折磨，因此，患者有强烈的求治意愿，但他们不知道自己是怎么了，即不知道自身遭受痛苦的原因。第二步，精神分析治疗师是利用自己的理论知识和实践经验帮助患者找到发病的真正原因，这也是精神分析和治疗的关键和重点所在。关于致病原因，精神分析治疗师一般都会到患者的早年经历中去寻找，而寻找的关键在于那个压抑点，即什么事件造成了患者的压抑，并出现固着。第三步，传统的精神分析治疗学认为，患者一旦认识到自身发病的原因，这本身就具有治疗效果。也就是说，只要患者能够找到致病原因，即找到了那个压抑点，疾病将自动解除。疾病出现的原因，就是因为自己本身的无知而使某件事对自己造成了压抑。传统精神分析治疗学没有第四步，弗洛姆却提出，有些疾病在某些时候，只要能够正确找到致病原因，就可以缓解乃至治愈。但是很难想象，一个只知道自身致病原因，而不去做任何改变的人能够彻底治愈疾病。比如一个患有依赖症的人在精神分析治疗师的帮助下找到了致病原因，他的依赖症就可以治愈了吗？当然不是。除非他在行为上做出一些改变，并有勇气接受由此而带来的种种后果。因此，在弗洛姆看来，第四步是完全必要的。

三、开创一个"新社会"必须解决的问题

弗洛姆指出，如欲开创一个"新社会"，必须抛弃一切幻想。只有面对现实，实事求是，充分认识到目前所面临的困难，才能获得成功。他列举了八个建设"新社会"所必须重点解决的问题：

其一，在保持当前工业生产模式的基础上，避免完全的集中化管理，即不要走上老式的法西斯主义，或者是更为有可能出现的带着笑脸的技术法西斯主义；

其二，把全面计划与高度的非集权化结合起来，放弃目前已经在相当程度上名存实亡的自由市场经济；

其三，放弃无限制的增长，而代之以没有经济风险的有选择的增长；

其四，在工作中和社会上形成这样一种风气，即刺激人们行为的是为了获得精神上的满足，而不是物质利益，同时，也让这成为人们精神上的信条；

其五，在促进科学发展的同时，又要防止科学成果的应用对人类造成危害；

其六，创造种种条件，以使人们能够体验到幸福和快乐，而不是无限制地去满足人们享乐的欲望；

其七，给予个人基本的保障，以使其不至于为了生存问题而依附于一个官僚机构；

其八，重新恢复人们在生活上的个人主动性，而不是个人在商业上的主动性，目前在我们这个社会，人们在商业上的主动性已经相当高了。

开创一个"新社会"（"重存在"生存方式主导的社会）绝非易事，非下大力气不可。弗洛姆用解决技术上的问题作了形象的比喻。他指出，过去被认为技术上难以解决或不可能实现的问题，现在随着科技的发展，而得到了部分乃至完全的解决。现在我们所认为的开创一个新社会所面临的难题，相信在将来也会得到完满的解决，但其前提是我们在实现人的乌托邦理想方面与实现技术乌托邦理想方面投入同样多的智力、精力和热情。我们不可能在读了儒勒·凡尔纳的《海底两万里》后就能够制造出潜艇，我们也不可能在读了莫尔的《乌托邦》、康帕内拉的《太阳城》，抑或其他乌托邦作家的作品后就能够建立一个人道主义社会。弗洛姆指出，开创一个"新社会"这一目标能否实现的关键，就在于有多少满腹经纶而又关心人类生存困境的人愿意为之而奋斗。

第二节　经济领域的变革

一、将生产建立在健康消费的基础之上

生产的目的究竟是利润还是消费，除了那些利欲熏心之人会选择利润外，大部分人都会选择消费。但在弗洛姆看来，生产是为了消费这句话固然不假，但是没有说明生产是为了哪种消费。因为消费可以划分为健康的消费和病态的消费，所以生产的目的也相应分为健康的消费和病态的消费。生产的目的，当然是健康的消费。那么，何为健康的消费呢？这个标准又由谁来制定？

弗洛姆指出，健康消费的标准可以借鉴美国食品药品监督管理局的经验，即成立一个由心理学家、哲学家、社会学家、人类学家等组成的小组来专门研究这一问题，并在研究的基础上提出健康消费的标准。至于何为健康的消费，需要持久深入的探索。我们首先要解决的，就是回答需求本质的问题。为了回答这一问题，我们必须分清楚，哪些需求源于我们的有机体，哪些需求源于文化的发展；哪些需要源于个人的成长，哪些需要源于工业社会的强加；哪些需要是积极主动的，哪些需要是消极被动的；哪些需要是病理性的，哪些需要是健康的。这些问题都是我们在提出健康消费标准之前，必须搞明白、弄清楚的问题。

弗洛姆指出，对于由社会各领域专家组成的小组所提出的关于健康消费的标准，只能供人们参考，至于人们信与不信，执不执行，就由人们自己选择决定了。唯有一点可以确定的是，切不可用行政命令予以贯彻。无论人们如何选择，关于健康消费标准的公之于众，也必将产生积极的效果。这必将增加人们对何为健康消费的了解，人们势必在潜移默化中受到影响，进而自觉或不自觉执行关于健康消费的标准。届时，人们将会明白，我们目前的大多数消费都是消极的、毫无意义的、没有必要的。这样的消费恰恰反映了人内在的焦虑不安，人之存在与本质的分离。人们试图通过不停消费来解决内在的焦虑，殊不知，这样做除了能够一时缓解以外，根本不可能一劳永逸解决这个问题。当暂时的缓解消失以后，人们又必须再次去消费，再一次缓解内心的不安。如此循环往复，难以自拔。

这就如同试图通过吃药的方式来治愈强迫症一样，然而事实一再证明，这只是他们的一厢情愿罢了。在历经千百次失败以后，强迫症患者方能领悟，从本质上来说强迫症的治疗是一场彻彻底底、完完全全的自我救赎，非在思想上、观念上、性格上来一场彻底的转变而不可。重新塑造的过程，必然伴随着痛苦。因此，从过程上来说，强迫症的治愈，必然要伴随一场撕心裂肺的疼痛。熬过去了，人生将天朗气清、惠风和畅；熬不过去，人生将依然在痛苦的旋涡中挣扎。回到消费的主题上，人们要想彻底解决内在焦虑不安的问题，不可能通过不断消费这种"打针吃药"的方式，也必须在思想上、观念上、性格上来一场彻底的转变——从"重占有"的生存方式转向"重存在"的生存方式。

在弗洛姆看来,虽然由社会各领域专家组成的小组所宣布的健康消费标准不宜通过行政命令强制执行,但是,政府可以通过行政命令以外的方式做些什么,比如开展一场旨在宣传健康消费的教育运动。弗洛姆相信,只要通过各方的共同努力,改变现有的消费模式,进而建立起健康的消费模式,是可以实现的事情。对于健康消费,有人会提出反对意见,他们认为,在自由市场经济条件下,人们是有选择自由的,其消费是一种自主消费,完全是自己意愿的结果。消费者购买的,也正是他们喜欢的东西,想要购买的东西,因此,根本没有必要制定所谓的健康消费标准,进行有选择性的生产,即生产依据健康消费标准进行。在弗洛姆看来,这一观点是荒谬的。如果人们喜好毒品,难道也要满足人们的需求,大面积生产毒品,使售卖毒品合法化?答案显然是否定的。弗洛姆指出,这一观点忽略了这样一个事实,即人们的消费欲望可以被生产者操纵。在资本主义工业社会,生产者是趋利的,生产什么利润高,他们就会选择生产什么,至于生产的东西是否符合健康消费的标准,对于生产者来说,则是无关紧要的。有些东西符合健康消费标准,有益于促进人们的健康消费,如果利润微薄,则生产者不会问津。对于那些利润高的商品,即便无助于促进人们的健康消费,不符合健康消费标准,生产者们也会想方设法激发人们的消费欲望,即制造消费。因此,弗洛姆指出,只有制止生产者的这一依据利润为生产依据的行为，健康的消费才能出现。

健康消费的出现，对于目前的生产体系将是一个巨大的冲击，甚至是一种重建。因此，对于一些大公司来说，这显然不符合其利益，从一开始，这些大公司就会抵制。弗洛姆也预料到了这一点。为了粉碎大公司对变革的抵制，弗洛姆甚至提出了一个比较激进的方法，即罢购运动，以此方法来显示人们渴望改变消费模式的决心和力量。弗洛姆用汽车行业的罢购作为例子来具体阐述这个问题。在他看来，相较于宽敞舒适的公交车，小轿车有很多不足。从经济上来说，购买小轿车需要花费一笔资金，无论多少，实则都是一种浪费；从生态上来说，小轿车排出的尾气是对环境的污染；从心理上来说，小轿车无异于一种毒品，它带给人一种占有的快感，增强了人的占有欲，除此以外，它还使人与人之间产生了攀比，增加了人的嫉妒之心。最为严重的，还是它使人与人的本质相脱离。弗洛姆指出，如果美国有20%的消费者参加小轿车的罢购行为，就足以产生震撼效果。届时，人们将突破不同政见、不同阶级、不同阶层的隔阂，联合起来，因为他们都有一个共同的目标——健康的消费（人道主义的消费）。人们的联合罢购，将给汽车业、石油业造成严重冲击，也将使整个国民经济陷入困境。但是，如果此一建议能够付诸行动，对渴望消费转型的人们来说，将是一大利好，因为这将在事实上迫使整个生产体系发生改变。与此同时，弗洛姆指出如果大企业的权力依然如现在一般强大，那么即便有20%的人参加罢购运动，其效果也必然要大打折扣。不过，幸好美国有反垄断的传统。

因此，对于罢购运动的实施效果，人们也不必过度担心。

弗洛姆相信，通过鼓励健康的消费方式，人们的消费行为终将向健康的方向转变。而健康的消费又必然迫使生产真正建立在人的真实需求和消费的基础之上。

二、实行工业民主

为了建立一个"重存在"的社会，在经济领域，除了将生产建立在健康的消费基础之上，弗洛姆还主张实行工业民主（industrial democracy），以发挥工业组织中每一个成员的积极性。工业民主意味着，在一个大的工业组织中，每一个成员都在组织生活中发挥积极作用，充分了解组织的情况，并参与决策制定。弗洛姆认为，组织成员的参与可以层层递进，即每一个成员可以先从与自己的工作部分有关的决策开始，然后逐步参与企业全局性政策的制定。弗洛姆强调，每一个成员务必亲自参与到决策的制定当中去，而不能被其他任何人或者组织代表。工业民主使企业超越了经济组织的范畴，带有社会组织的性质，每个成员都积极参与组织的活动，并关心组织的发展。在弗洛姆看来，这种参与式的民主制有一个好处，人们对组织会有一种归属感。他们对待组织的事就像对待自己的事，而不会再像从前那样，只是把组织当成自己的谋生之所。而工业民主的实行，将使企业超越谋生之所的范畴，变成每一个成员获得尊重、价值感、自我认同感的港湾。

工业民主这种参与式民主之所以能够产生积极的效应和良好的

效果，原因总共有两点：其一，人们有充足的、用以作出判断的信息；其二，人们知道自己的意见能够起到作用、产生影响。正是因为人们知道自己的意见能够起到作用，而不是一种形式，也就说，他们的意见不会被像在做某种调查意见的时候一样对待，那么，他们的态度也就会从根本上发生转变，他们会认真对待，拿出自身的最高判断水平，再加之有充分的信息，那么他们就会作出最佳的判断。紧接着，弗洛姆用两个例子作为证明。第一个是关于私人事务的例子。这个无须多说。第二个是关于陪审团的例子。陪审团成员由普通民众组成，在错综复杂的案情面前，他们要作出自己的判断。事实证明，总的来说，这些普通民众作出的决定具有深刻见解与客观性。其原因就在于，他们能够得到与案件有关的所有信息，并且能够与其他成员展开充分而广泛的讨论。他们也深知，他们的决定将对当事人产生重大影响。因此，这些普通民众对待案件的态度也就发生了重大转变。他们变得积极、审慎、睿智而又满怀责任心，因此能够作出充满洞见的决定。

三、禁止在广告中洗脑

弗洛姆极力反对对人们进行洗脑，即把某种思想强加于人。给人洗脑无异于劝人吸毒，两者并没有明显区别。在商业广告中给人洗脑，就是迫使人们购买自己不需要的，从内在来说也不想要的商品。而在正常的理智下，对于这些商品，人们压根就不会购买。但在具有洗脑性质的商业广告中，人们会变得失去理智。选举中的政治宣传具有同样的性质，人们会选举那些在清醒的时候根本就不会选举的政治人物。但是在具有催眠效果的政治宣传中，人们同样会变得失去理智。因此，弗洛姆认为，为阻止这种危险性的发展与蔓延，我们有必要在工业广告和政治广告中禁止使用催眠的方法。

在弗洛姆看来，在工业广告和政治广告中使用催眠的方法，对人的心理健康是十分有害的，其危害性要远远大于吸食毒品。吸食毒品与洗脑比起来，只不过是小巫见大巫。这对人的理性批判思维是一种损害，一旦失去理智，人就容易误入歧途，受他人摆布和控制。尤其是电视上的商业广告，简直是在对人们进行狂轰滥炸，让人没有思考的机会，在这种大规模的进攻面前，人们眼花缭乱、目不暇接，再加之广告本身又极具诱惑性，人们终究会迷失在商业广告的宣传中。当代社会，这种情况困扰着每一个人。在大街上、广场上、地铁上甚至在卫生间里，商业广告充斥在人们周围每一个可能的角落。人们无时无刻不处在一种被催眠的环境中。这也是商业广告刻意营造的用来攻陷人们理智的氛围。弗洛姆认为，禁止在广告中对人们进行催眠和洗脑所引起的效果，将和那些瘾君子戒毒成功所达到的效果别无二致。

第三节 政治领域的变革

一、建立"面对面"群体

在政治方面，弗洛姆主张实施参与民主制度（participatory de-mocracy）。在参与民主制度下，人们关心共同体的事，就如同关心个人的事情一般。为建立参与民主制度，弗洛姆提出了一个设想，建立成千上万个不超过 500 人的"面对面"群体，以就国家各方面事务做出决定。弗洛姆指出，从 19 世纪中期到 20 世纪中期，民主制度的发展表现为选举权的扩大，即选举权突破了财产、性别、种族等限制，越来越多的人具有了选举的权利。普选虽然已经成为人们的共识，然而民主制度要继续发展并取得实质性突破，必须进行一些改革。弗洛姆指出，富有建设性的决定是无法在大规模投票的氛围中做出的，而只能在相对较小的类似于镇民大会规模的不宜超过 500 人的群体中做出。在这种小规模的群体中，就共同面对的问题，每个人都有机会发表自己的看法，并一起讨论。如此，人们就实现了对共同面对问题的充分讨论。在弗洛姆看来，这是民主制度应该进行的第一步改革，即实行小规模的民主，建立不超过 500 人的"面对面"群体。民主制度应该进行的第二步改革是，确保每个公民都能够占有大量的真实信息，以便其能够作出合理的决定。民主制度应该进行的第三步改革是，确保"面对面"群体中的每一个成员的意见都不会被忽视。

基于以上三点原则，弗洛姆设计了具体的方案：按照居住地原则或工作地原则把人们划分成许多群体，每个群体不超过 500 人，而且成员要尽可能多样化。这些群体要选举出管理人员，成立管理委员会，每年改选一次，并定期召开会议，群体成员就地方性事务或全国性事务进行讨论。每个成员都有发表意见的机会，并且每个成员的意见都不会被忽视。弗洛姆认为，讨论的富有成效，必须建立在每个成员能够占有充足的真实信息的基础之上。对于这一点，弗洛姆的解决办法是，建立一个独立的文化机构，负责收集、发布"面对面"群体进行讨论所需要的真实信息。这个文化机构也就是下文要阐述的最高文化委员会。最高文化委员会的可贵之处在于，尽管其成员会持有不同政见，但在提供真实信息这一点上，他们能够达成共识。在经过充分讨论之后，"面对面"群体会就讨论的问题进行投票表决。在现有的技术手段下，投票结果很快就会出来。将"面对面"群体作出的决定传送至中央一级政府，并在其决策中产生影响。"面对面"群体作出的决定能够摒除许多非理性及抽象的因素，因为"面对面"群体做出的决定，都是建立在每个成员积极、主动、理性、负责的思考基础之上的。对于"面对面"群体的成员来说，政治也不再是不真实的、遥远的事情，而成了能够触手可及、可以真正关心的事。"面对面"群体的性质与作用，注定其将成为真正意义上的"众议院"。届时，人们被迫把自己的政治意志通过仪式化投票方式交给异己的权力的异化过程将被扭转，人们将重新成为国家事务的参与者，而不再是无能为力的旁观者。

二、实行非中央集权制

弗洛姆指出，按照现存资本主义制度的内在发展逻辑，政府的权力会日益膨胀，最终成为一个庞大的官僚机器。究其原因，不外以下几点：长此以往，法西斯主义将是不可避免的。其一，长期处于这种社会情形下的人们，将丧失批判思考的能力，变得无助、乏力、迷茫、愚钝、消极，犹如小绵羊一般。于是，他们会渴望一个领导，这个领导是强大的、无所不知的，既能指引他们前进的方向，也能指导他们如何行动。其二，处于权力中心的人只要按下适当的按钮，庞大的官僚机器就能够按照指示自行运转。这就如同驾驶一辆小轿车一般，驾驶员只要坐在驾驶位，把握好方向盘，知道在什么情况下按下什么按钮就可以了，至于小轿车的工作原理，即使驾驶员不知道，也并不影响对小轿车的操作。即便是一个智力和能力都很普通的人，只要他坐在了"驾驶位"，就能轻松自如地实现对官僚机构的操纵。

因此，要想实现生存方式由"重占有"向"重存在"转变，官僚机构自行运转的方式必须得到改变。在弗洛姆看来，政府不应该把权力下放给州，而是下放给较小的行政单位。在那里，人们之间相互熟识、彼此了解，对于本行政区域内的事情也知道得比较多，从而为他们参与本行政区事务提供了有利条件。权力的下放再加上参与式民主制的实行，人们会像关心自己的事情一样，关心本行政区域内的事情。

三、用人道主义管理取代官僚主义管理

在弗洛姆看来，官僚主义管理（bureaucratic management）是一种异化的管理形式，是令人窒息的。它不仅存在于大规模的管理中，也渗透到了日常生活领域。比如医生与患者的关系，丈夫与妻子的关系。官僚主义管理有两个显著特征：其一，把人当成物。漠视生命，缺乏对人的同情心；其二，量化式管理。相信数据，遵守规则。官僚主义者在做决定的时候，依据的是统计数字，而不是立于他们面前的活生生的人。在官僚主义者看来，只有统计数字才是最可靠的，是制定规章制度和做出决策的依据。他们的安全感和荣耀感，就建立在对规则的忠诚上。如此一来，规则就成了他们最好的挡箭牌和避难所。一旦出现问题，他们就可以轻而易举地逃脱个人责任。

弗洛姆特地指出，所谓官僚主义者，是从性格特点上定义的。也就是说，凡具有官僚主义者性格特点的就是官僚主义者，无论这个人是否处于官僚体系之中。官僚主义态度已经渗透到了我们的日常生活之中，在丈夫和妻子的关系中，在父母和子女的关系中，我们甚至也能看到官僚主义态度。一旦一个活生生的人沦为抽象的数字，官僚主义者就会做出残忍的事情。究其原因在于，他们与对象之间的关系并非人与人之间的关系。因此，弗洛姆认为，虽然官僚

主义者没有虐待狂看起来那么可恶，但他们要比虐待狂危险得多。因为在官僚主义者的价值体系中，良知和职责之间没有冲突。对他们来说，所谓良知，就是尽职尽责，而不是对人的同理之心和恻隐之心。于是，弗洛姆主张用人道主义管理（humanistic management）取代官僚主义管理，"只要我们重视管理人员中潜在的、自发的责任心，不迷信经济原则，非官僚主义的管理是可能的"。①

四、消弭穷国与富国之间的差距

弗洛姆指出，在全球化飞速度发展的时代，如果任由穷国和富国之间的差距进一步发展下去，势必会引起更大的灾难。与此同时，弗洛姆强调，富国对穷国的帮助不能附加任何政治的、经济的或文化的条件。在富国对穷国的帮助中，要依据穷国的历史的和现实的条件，因地制宜、量体裁衣，决不能把资本主义的经济体制和政治体制生搬硬套在穷国身上。至于富国帮助穷国的具体方法，则需要交给经济专家去解决。在弗洛姆看来，只有那些既智力超群而又具有人本主义情怀的人，才能够找寻到解决问题的最佳方案。

---

① Erich Fromm. To Have or To Be［M］. London and New York：Continuum，1997：152.

第四节　文化领域的变革

一、建立一个最高文化委员会

弗洛姆主张建立一个最高文化委员会，其任务是为包括政府和政治家在内的社会上有需要的组织或者个人提供专业问题与事项咨询。这一委员会应该由本国那些声誉与成就卓著的知识界与文化界的人员组成。至为重要的是，最高文化委员会也应该吸收一些所谓的"异见分子"。最高文化委员会的成员之间可能会存在不同的政治见解，但是在为公众提供客观信息方面，他们达成了一致意见。如果就一些事情始终无法达成一致意见的话，他们就会将不同的事实全部公布出去，并给予相应的解释，以供公众参考，进而做出选择。在弗洛姆看来，委员会的组成人员既不能由政府任命，也不宜由公众选举产生。一开始可以先选出一个由三四个人组成的核心小组，然后再对这个核心小组进行扩展，直至最终达到 50~100 人的规模。最高文化委员会的任务是为包括政府和政治家在内的社会上有需要的组织或者个人提供专业问题与事项咨询，只有具备充足的经费，才能对社会上的各种问题进行调查研究，或委托其他组织或个人进行相关调查研究。

二、培育集体艺术

弗洛姆指出，所谓集体艺术（collective art），是指"我们的感官以一种有意义的、熟练的、创造性的、积极的、与人共享的方式对世界作出反应"。① 弗洛姆特别强调，"与人共享"是集体艺术区别于现代艺术的重要标志。现代艺术无论是创作还是消费，都是个人化的。而集体艺术则是共享的，即一个人以一种有意义的、丰富的、创造性的方式与其他人融为一体。集体艺术并不是人之生活的从属，而是人之生活的必需，没有集体艺术，人之生活就不会完整。人的这种基本需要如果没有被满足，就会有一种不安全感和焦虑感，犹如他没有构建起一幅关于世界的有意义的图景一般。为了超越接纳倾向，达致创造性倾向，他必须使自己以艺术的形式与世界联系在一起。如果一种文化不能提供这种艺术的形式，那么一般人就很难得到发展，从而超越接纳倾向和市场倾向。

在阐述了集体艺术的内涵以后，弗洛姆将目光转向现实生活。在他看来，世俗世界的集体艺术（如爱国的集体艺术、体育运动的集体艺术等）只能在有限的范围内满足人之内在基本需要。在资本主义工业社会，人作为被文化培育出来的消费者，常常醉心于电影、烈性酒、娱乐活动，没有积极的创造性参与，没有共同的联合体验，没有对生命意义的思考。为了舒缓内在的不安全感和焦虑感，人们就会酗酒、做电影中的白日梦、患上神经病或精神病等。一个没有

① Erich Fromm. The Sane Society ［M］. London and New York：Routledge，2002：339.

集体艺术的社会，哪怕科技再先进、教育再普及，也不如一个有集体艺术而生产力落后的原始社会健全。

弗洛姆指出，要想建立一个"重存在"的、精神健全的社会，就必须承认"创造一种非宗教性质的集体的艺术和仪式是十分必要的"。① 借由集体艺术，人们融合在一起，共同实现人之内在的基本需要。人们不再是孤立的原子，不再是孤独的个体，而是作为集体存在。培育集体艺术，可以从幼儿园的儿童游戏开始，一直延续到成年的工作和生活。如此一来，人们就会有共同的舞蹈、共同的音乐、共同的戏剧等。弗洛姆特地强调，和工业组织、政治组织一样，培育集体艺术也要秉持三点原则：一是要分权，这也是决定性的一点；二是要组织具体的"面对面"小组；三是人们一定要积极负责地参与。科技的发展也为集体艺术的创造提供了便利，譬如收音机、电视的发明，为人们呈现了更多更好的音乐与文学。商业机构如果有助于集体艺术的创造与培育，就没有必要将之排除在外。

有些人认为，培育集体艺术只适合于手工业时代，在机器大工业时代，培育集体艺术则显得荒唐可笑。弗洛姆反驳道，如果这些人的观点正确，那么人类的生活方式将在不久的将来自我毁灭。没有集体艺术，人类的生活将缺乏一种平衡，从而导致精神不健全。但不可否认的是，在资本主义工业社会，原子化、异化现象严重，人们没有真正的团体感，要想创造出新型的集体艺术，将会是一件困难的事。

---

① Erich Fromm. The Sane Society [M]. London and New York：Routledge，2002：340.

三、重建教育

弗洛姆认为，教育的本来意义并非传授知识、塑造性格，而是激发、启迪深藏于人之内在的、与生俱来的东西。但令人遗憾的是，资本主义工业社会的教育偏离了教育的原本意义，已变成了教授人们更好地适应工业文明社会知识的工具。资本主义工业社会所需要的性格是：雄心勃勃、富于进取之心，同时又能与其他人保持一定限度的合作；尊重权威，同时又渴望独立；对人友善，同时又不过度亲密。因此，在弗洛姆看来，人们虽然受到了更多的教育，他们的理性、判断力和信念却反而不如从前。人们充其量提高了智力水平，但他们透过现象看本质——看到个人和社会生活中真正的支撑力所在——的能力却每况愈下。[①] 教育已经沦为了为整个社会机器培养有用之人的工具，而不再致力于激发、启迪深藏于人之内在的、与生俱来的东西。

从各国通行的教育体制来看，接受教育的主体是青少年。对此，弗洛姆指出，青少年阶段是学习读写算以及语言的最佳时期，却不适宜学习哲学、历史、宗教、心理学、文学等人文学科。因为没有一定社会阅历的支撑，理解这些学科的内容会比较困难，而青少年最缺乏的就是社会阅历。因此，在弗洛姆看来，教育的主体应该是所有年龄段的人，而不应该仅仅局限于青少年。尤其是人进入中年

---

① ［美］艾里希·弗洛姆. 论不服从［M］. 叶安宁，译. 上海：上海译文出版社，2017：69-70.

以后，由于褪去了年轻时的血气方刚，变得更加沉稳，兴趣也变得更加广泛，故社会的教育体系应该为这些人提供再次学习的机会，而不应该把学习的机会仅仅留给年轻人。

四、科学研究必须独立

弗洛姆指出，科学研究必须独立于工业应用和军事应用。也就是说，不能将科学研究成果随意应用于工业领域和军事领域。众所周知，科学研究是对世界未知领域的探索，是积极的、正面的，反映了人类不断进取的精神。然而，如果将一切科学研究成果都应用于实践，不仅是十分危险的，也会给人类社会带来许多问题，甚至是灾难性后果。因此，对于科学研究成果的应用，我们应该慎之又慎。在投入应用之前，应该综合考量，切不可为了追求一时的经济利益而罔顾人类整体的、长远的利益。弗洛姆认为，如果工业界和军方能够随意使用科学研究成果，务必会给人类带来巨大的危害。因此，科学研究必须独立于工业领域和军事领域。

至于具体的操作，弗洛姆指出，可以成立一个科学研究成果应用管理局。任何一项科研成果的应用，都必须经过这个管理局的审核与批准。当然，这个管理局绝不能受到工业界、军界和政府的任何干扰。科学研究成果应用管理局哪怕和工业界、军界或政府有一丝瓜葛，都将出现利益输送，从而带来危险的后果。弗洛姆还建议，管理局的成员应当由最高文化委员会任命，管理局的工作应受最高文化委员会的监督。

第五节　社会领域的变革

一、实行全民保障计划

弗洛姆认为，所有的人，即便是那些没有工作的人和没有对社会尽到责任的人，都享有吃饱穿暖、居有其所的绝对权利（无条件生存的权利）。这一权利以保障每个人维持基本的生存为限度，具体应当参照当时的生活水平。在这一思想的基础上，弗洛姆提出了全民保障计划（the guaranteed yearly income），即每个人每年都有最低收入，以保障最低生活标准，无论这个人是否参加劳动，是否对社会尽到了义务。实施这一计划的益处在于，每个人的自由范围将会大大扩展。按照马斯洛的需求层次理论，人类的需求是从低到高依次递增的，只有在满足了低层次需求的基础上，才能发展出高层次的需求。在资本主义工业社会中，能够追求高层次需求的富裕的人毕竟不是多数，更多的是那些为了维持生存而不得不依附于他人、某个组织或团体的人。从内在来说，他们也想去做一些自己想做的、喜欢的事情，可是这要建立在维持生存的基础之上。如果连基本的生活都难以保障，那么追求自我实现是根本不可能的事情。

全民保障计划旨在确保人的真正自由和独立。在最基本的生活得到保障的情况下，人们可以解除一些依附关系，有时间和精力从事一些富有价值性和创造性的工作。弗洛姆认为，那些以剥削和控制为目的的国家是绝不能接受这项计划的。一旦实行这项计划，剥削和控制人们的基础将会被动摇，统治阶级再想剥削和控制人们将变得困难在那些秉持"人生而懒惰"思想的人看来，实行有保障的年收入计划，只会更加助长人们的懒惰，不仅不利于人的成长，也不利于社会的进步。因此，实行全民保障计划是危险的、不现实的。在弗洛姆看来，这些人的观点没有任何根据，只是反对放弃对人们剥削和控制的借口罢了。

二、推进妇女解放运动

在弗洛姆看来，推进妇女解放运动，使妇女摆脱男权的压迫，既是社会人本主义化的基本要素，也是实现人的生存方式从"重占有"向"重存在"转变的必要条件。弗洛姆指出，大约在六千年前，农业生产出现了剩余，使雇佣和剥削、组建军队以及建立强大城邦成为可能。也就是从那个时候开始，借助于经济与军事上的优势，男人建立了对女人的控制权和统治权。两性之间的"战争"与阶级冲突一样，具有久远的历史。然而相较于阶级之间纯粹的对立关系，两性之间的关系却更为复杂。对于男人来说，女人不仅是保姆、苦力，也是母亲、情人、情绪的慰藉者。弗洛姆认为，男人对女人的控制，类似于一个集团对一群无权无势的民众的控制。在掌握权力的集团看来，黑人和妇女就如同儿童一样，情绪化、幼稚、没有现实感、缺乏责任感，因此不适合参加决策，遑论作出决策。

推进妇女解放运动的深远意义在于对强权的反抗。弗洛姆认为，对弱者行使权力是父权制的本质，也是工业化国家对非工业化国家控制的本质。妇女解放运动的重大意义在于，其威胁到当今社会赖以存在的基础——权力原则。如果妇女在解放运动中明确宣示不参与、不分享男人对弱者的统治权，将解放运动定位为反强权的代表，那么，她们终将在一个新社会的建构中产生决定性影响。弗洛姆欣喜地指出，20世纪的妇女解放运动取得了一定成绩，在后世历史学者的笔下，其必将是20世纪最具革命性的事件。然而，我们也应该看到，妇女解放运动才刚刚开始，处于起步阶段。对于妇女解放运动，男人们已经开始感觉到相当不舒服和焦虑了。与妇女解放运动紧密联系的，是年轻一代的反权威主义运动。这一运动在20世纪60年代后期达到高潮，虽然经过一系列变化，许多曾经的反权威主义者重新变成了"顺民"，但对父母和其他权威的敬畏已经被涤荡殆尽了。

三、建立一个有效的信息传播体系

弗洛姆认为，在资本主义工业社会中，不仅普通民众所获得的真实而有效的信息几乎为零，政府官员、议会议员、商业精英的情况也好不到哪里去。在弗洛姆看来，政府官员、议会议员由于分析能力不足，不能够透过现象看本质，认识不了在现象背后起作用的各种力量，根本无法对未来社会的发展趋势做出一个正确的评估，更别提他们的品格也值得商榷。即便是这些人在品格和能力方面不存在任何问题，要让其解决这个社会存在的种种问题，不仅不现实，而且也不可能。弗洛姆指出，在提供信息方面，"大"报确实有"小"报无法比拟的优势，能够提供更多被歪曲的信息。"大"报在歪曲信息方面的惯用手法有三个：其一，选择性报道新闻，不把完整的新闻报道出来，只是截取整个新闻的一个部分报道。其二，在给新闻选定标题的时候，往往使新闻标题刻意带有某种倾向性，而且新闻的内容与标题并不一致。其三，新闻内容貌似客观公正，实则刻意偏袒一方。弗洛姆认为，新闻媒体——无论是"大"报还是"小"报，抑或是杂志、电视、无线广播，其传播的都是用各种事件作为原材料加工而成的新闻商品。既然是商品，那就必然具有逐利性，为了赢利，新闻媒体只会报道那些能够为其带来最大利润的新闻事件。须知，最好的新闻，就是那些对事件进行原原本本的、未经加工的报道。

　　弗洛姆认为，最高文化委员会在建立一个有效的信息体系方面，可以大有作为。究其原因在于最高文化委员会的人员组成和特殊地位，决定了其在建立一个有效的信息系统方面具有独特的优势，而其任务就是为社会全体人员提供客观而有价值的信息咨询服务。弗洛姆还赋予最高文化委员会对新闻媒体具有监督权，以保证新闻媒体的工作能够客观公允。

第六节 个人领域的变革

弗洛姆致力于打造一个"重存在"的社会，使人们的生存方式由"重占有"转向"重存在"，培育具有"重存在"生存方式的"新人"。要想达到这个目的，除了经济、政治、文化、社会等领域的外部变革以外，个人也要进行内部变革。经济、政治等外部的变革，旨在为个人的内部变革创造必要的前提条件和良好的外部环境。但是，人具有能动性，可以主动朝着"重存在"的方向前进，从而在内部和外部的良性互动中，最终实现生存方式从"重占有"向"重存在"的转变。那么，个人应该做出怎样的变革呢？弗洛姆总结出一个"重存在"的人所应该具有的21个性格特点。

第一，愿意放弃一切占有形式，以便能够达到充分的存在。

第二，安全感、自我认同感和自信，建立在对自己的信念以及对关联、兴趣、爱、与世界团结一致等需要的基础之上，而不是建立在占有欲和控制欲的基础之上。

第三，接受除了自己以外，没有其他的任何人或者任何物能够赋予自己的生命以意义的事实。彻底的独立和不占有，是充分投入关心他人和与他人分享的行为的必要条件。

第四，无论在哪里，都可以充分展现自己。

第五，不是从囤积和剥削中，而是从给予和分享中得到快乐。

第六，热爱和尊重一切形式的生命，唯有生命和能够促进生命成长的才是神圣的，而不是僵死的物和强力。

第七，尽一切努力将自己的贪欲、仇恨和幻想削减到最低程度。

第八，既能够不靠崇拜偶像生活，也能够不靠幻想生活，已经达到不需要依靠幻想生活的阶段。

第九，发展自身爱的能力、批判的能力和理性思维。

第十，能够克服自恋，能够坦然接受内在于人类生存中的带有悲剧色彩的局限性。

第十一，把自我和他人的全面发展作为生活的最高目标。

第十二，明白为达此目标，遵守准则和尊重现实是必不可少的。

第十三，能够认识到只有在结构中的成长才是健康的，能够认清作为生命特性的结构与作为无生命之物特性的"秩序"之间的区别。

第十四，发展自身的想象力，预判现实的可能性，改变令人难以忍受的现状。

第十五，不去蒙骗他人，也不会被他人所蒙骗。做一个纯真的人，而不做一个幼稚的人。

第十六，能够认识自己，不仅是那个已知的自己，还有那个未知的自己。

第十七，能够意识到自己与其他所有生命的一体性，在放弃对自然的征服、控制、掠夺与毁坏的同时，尝试着理解自然并与自然合作。

第十八，能够认识到，所谓自由并不是随心所欲，任意妄为，而是成为自己的可能性。自由并不是一大堆贪婪的欲望，而是一个精致的平衡体系，这个平衡体系随时面临着兴与衰、生与死的选择。

第十九，能够认识到罪恶和破坏性是人成长受阻的必然后果。

第二十，能够认识到只有少数人完全具有以上品质，自己只要努力去存在就好，不要抱存着一定要使自己完全具有以上品质的目标，因为给自己设定目标，只不过是贪婪和占有的另外一种形式罢了。

第二十一，能够在不断增长的活力中获得幸福，而不管命运允许自己能走多远。因为充分地生活是如此惬意，至于自己能得到什么或者不能得到什么，对自己来说，已经无所谓了。①

---

① Erich Fromm. To Have or To Be [M]. London and New York：Continuum，1997：139-140.

第五章

弗洛姆人的生存方式理论的价值与局限

第一节　弗洛姆人的生存方式理论的价值

弗洛姆将人的生存方式划分为两种类型：一种是"重占有"的生存方式，另一种是"重存在"的生存方式。弗洛姆人的生存方式理论在揭示当今资本主义社会人的生存方式的核心本质，展开对资本主义社会"重占有"生存方式批判的同时，还为人类社会指明了前进的方向，描绘了"新社会"的美好图景。纵观弗洛姆人的生存方式理论，笔者认为，其价值主要有如下几点：

一、弗洛姆关于生存方式的两种划分具有积极意义

（一）"重占有"生存方式的概念在一定程度上揭示了当今资本主义社会人的生存方式的核心本质

"重占有"生存方式，从本质上来讲是人的生存方式的异化。在

弗洛伊德性格理论的基础上，弗洛姆提出了社会性格的概念，并将社会性格划分为五种类型：接受指向性格、剥削指向性格、储积指向性格、市场指向性格以及自发创造性指向性格。其中，前四种性格类型合称为非自发创造性指向性格。[①] 弗洛姆认为，市场指向性格是资本主义社会独有的现象，是伴随着资本主义市场经济的发展而发展起来的社会性格。当前资本主义国家的社会性格就是市场指向性格。市场指向性格的母体是资本主义市场经济，因此，市场指向性格必然带有市场经济的印记。市场经济的典型特征有：强调私有，秉承自由，崇尚竞争，攫取利润，实现交易等。毫无疑问，这些也是市场指向性格的特征。

　　置身于市场指向性格的社会中，人必然会出现存在与本质的分离。也就是说，人的行为方式与思维方式越来越偏离其内在本质。人不再是内在统一的整体。追溯根源，市场指向性格本身的特性乃导致人的存在与本质分离的渊薮。市场指向性格使人成为一个"空心"的人，那个能够确证自己存在的人的内在本质被丢弃了。这样的话，人又如何确证自己的存在呢？于是，为了确证自己的存在，为了不让自己精神失常，他不得不转向外在，尽一切可能去占有一些东西，看得见的或看不见的。对他来说，他的占有物就是他，他就是他的占有物，两者是等同的。然而，失去了内在本质的人即便拥有再多的占有物，也不可能感到内在的丰沛、充盈。他永远得不到满足，只能暂时感到满足。当得到一个占有物时，他会感到满足，

---

① Erich Fromm. Man for Himself [M]. London and New York：Routledge, 1999：62-107.

但这个满足只是暂时的，等过了一段时间之后，他又会再次陷入空虚状态。于是，他又要通过占有其他东西来填补内在的空虚。如此一来，他陷入了空虚与满足的恶性循环。这不正是当今资本主义社会的真实写照吗？人们频繁更新换代电子产品，汲汲于功名利禄，不断买买买却又束之高阁，用肉体的快感填补内在的空虚，甚至用自杀等极端方式逃避那难以忍受的空虚。因此，笔者以为，弗洛姆透过纷繁的现象看到了事物的内在本质，用"重占有"的生存方式这一概念准确揭示了当今资本主义社会人的生存方式的本质。在此基础上，弗洛姆从经济、消费、政治、文化、社会等方面展开了对"重占有"生存方式的全方位批判。

（二）"重存在"生存方式的概念为人类生存方式的转变提供了一定的启示

既然"重占有"的生存方式是一种异化的生存方式，那么人类的希望在哪里呢？人类该转向怎样的生存方式呢？与"重占有"的生存方式相对，弗洛姆提出了"重存在"的生存方式这一概念。何为"重存在"的生存方式？从实质上来说，就是一个人确证自己的存在不是通过外在的占有物，而是通过人的内在的本质，那个在当今资本主义社会中，大部分人久已失去的东西。人的内在的本质，是每一个人与生俱来就有的东西，只是由于后来受到外部环境（准确来说是社会制度）的影响，人们遗失了这个人类用来自我确证的东西。一个"重存在"的人，他的内心是丰沛的、充盈的，没有空虚、没有焦虑。对他来说，除了生存性占有之外，其余之物皆是多余，甚至是一种负担，因为他根本就不需要用占有物来确证自己的存在。他的自我感来自内在，来自那个他甫一出生就深存于他内心之中的人的本质。因此，实现人类生存方式的转变，从根本上来说，就是重新找回人的本质，再次实现存在和本质的同一。马克思曾经说过："一切肉体的和精神的感觉都被这一切感觉的单纯异化即拥有的感觉所代替。人的本质只能被归结为这种绝对的贫困，这样它才能够从自身产生出它的内在丰富性。"① 有鉴于此，弗洛姆从经济、政治、文化、社会等方面提出了具体的建议。尽管这些建议带有明显的空想性，我们依然可以从中读出弗洛姆对人类前途命运的殷殷关切与坚定信念。

弗洛姆认为，欲实现人的"重存在"的生存方式（实现人的存在与本质的重新统一），最终的途径还是要创造一种社会组织。这种社会组织的生产方式可以使人掌控自己的力量，充分发挥自己的本质与潜能，克服异化，复归于人。而这种社会组织，就是马克思的社会主义。② 马克思曾这样表述社会主义："通过人并且为了人而对人的本质的真正占有……人向自身、也就是向社会的即合乎人性的人的复归，这种复归是完全的复归……是人和自然界之间、人和人之间的矛盾的真正解决，是存在和本质、对象化和自我确证、自由和必然、个体和类之间的斗争的真正解决。"③ 弗洛姆认为，对马克

---

① 马克思恩格斯文集：第 1 卷 [M]．北京：人民出版社，2009：190.

② Erich Fromm. Marx's Concept of Man [M]．London and New York：Continuum，2004：49.

③ 马克思恩格斯文集：第 1 卷 [M]．北京：人民出版社，2009：185–186.

思来说，社会主义意味着人复归到自己本身，意味着存在与本质的同一，意味着主体与客体之间的分离与对抗状态的消除，意味着自然界的人格化。① 在人的生存方式理论中，弗洛姆从各个方面所提出的建议也是为了最终向社会主义过渡。但他忽视了这样一个事实，仅仅靠呼吁，哪怕是喊破喉咙，也无济于事。从弗洛姆的著作可以看出，他对马克思的社会主义作了过度的人本主义解读，把马克思的社会主义等同于人本主义的社会主义，这一点显然有失偏颇。但无论怎样，弗洛姆提出的"重存在"的生存方式这一概念，为人类生存方式的转变提供了一定的启示。

二、弗洛姆对"重占有"生存方式的批判深刻揭露了资本主义社会的弊病

弗洛姆在剖析资本主义社会时，确实具有敏锐的观察力和非凡的洞察力，往往能够一针见血地指出问题所在。他从经济、消费、政治、文化、社会生活等方面对当今资本主义社会"重占有"生存方式的批判，可谓力透纸背、精彩绝伦。

就生产领域，弗洛姆总结出当今资本主义生产的几个特点：数量化、抽象化、分工日益精细化等。这几个特点是资本主义生产方式发展的必然后果，并加剧了人的存在与本质的分离。第一，数量化和抽象化使人无法具体感知。这导致了人与对象之间的关系出现

---

① Erich Fromm. Marx's Concept of Man ［M］. London and New York：Continuum, 2004：56.

疏离、异化，企业的组织管理变得官僚化。对于管理者来说，工人只不过是生产的一个环节，是一个符号，不再是一个活生生的、有血有肉的、有思想情感的人。这就意味着，管理者的存在与本质分离了。第二，分工的精细化使人无法整体感知。在生产线上，工人只与整个生产的一道工序打交道，他不能看到、触摸到整体的产品，这就导致工人的劳动与整个产品没有一种创造性的关系，工人的劳动也不再是人的本质的展现、潜能的发挥。须知，人的本质就是通过劳动展现出来的，在劳动过程中，人因为展现了本质、发挥了潜能，所以是快乐的。而现在，劳动却成了工人的梦魇，这样就意味着，工人的存在与本质分离了。为了确证自己的存在，不至于精神失常，人就会向外在寻求自我感，即通过不断占有来确证自己的存在。这便导致了人的"重占有"的生存方式。

就消费领域，弗洛姆一语道破了当前资本主义社会"重占有"消费的本质——消费超出了内在真实需要，成了建立外在自我感的手段。当前资本主义社会立基于市场指向型的社会性格，这种性格必然会导致人的存在与本质的分离，人的内在自我感的丧失。为了免于精神失常，人们会从外在寻找自我感，消费便成了建立外在自我感的重要手段。也就是说，在一定程度上，消费失去了它的内在本质——人们根据内在需要购买商品的使用价值。而在当前资本主义社会，对于人们来说，商品的使用价值已经不再是决定性因素，而是成了可有可无的因素。人们消费不再是为了满足内在真实需要，而是为了建立外在自我感。基于此，当前资本主义社会所出现的种种消费怪象也就很容易理解了。人们购买面包，就是因为它满足了人们关于财富和身份的幻想；人们购买可口可乐，是因为它代表着时尚和流行文化；人们频繁更换小轿车，是因为它成了身份和地位的象征。

论述至此，笔者想用弗洛姆的消费理论解读一下当前人们对苹果手机的狂热消费。不可否认，苹果手机在设计上、体验上确定可圈可点，但这并不足以引起人们消费的狂热。对于日常的使用来说，千元机已经完全能够满足了。然而，人们却对苹果手机情有独钟、趋之若鹜。为什么呢？不就是因为苹果手机代表着一种流行文化吗？"我"买并不是因为"我"对它有多么需要，而是因为那些富人有，那些有地位的人有。因此，如果"我"有的话，那么"我"就是富人，就是有地位的人。显然，苹果手机已经不仅仅是一部手机，而代表着身份和地位。通常我们将这种现象理解为虚荣。那虚荣又是由什么引起的呢？内部自我感的丧失。所以，人们必须通过购买苹果手机而不是千元机来建立外部自我感。那个"虚荣"，就是他建立起来的外部自我感。

弗洛姆对当前资本主义社会中"重占有"政治、"重占有"文化、"重占有"社会生活等的批判同样精彩，在此不再赘述。

三、弗洛姆看到了马克思历史唯物主义对人的价值的重视

人的生存方式理论创立的一个重要基础，就是弗洛姆对马克思历史唯物主义的解读。众所周知，弗洛姆是一个人本主义学者，他

对历史唯物主义的解读自然充满了浓厚的人本主义色彩。在《马克思论人》一书中，弗洛姆系统批判了学者们对马克思历史唯物主义的种种误读。他指出，通过对马克思著作的研读可以发现，无论是青年时期的著作《1844年经济学哲学手稿》《神圣家族》，还是成熟时期的著作《德意志意识形态》《共产党宣言》《资本论》，都充满了浓厚的人本主义色彩。因此，他认为人本主义是贯穿于马克思思想的始终的。[①] 看到了历史唯物主义对人的价值的重视并对此进行了系统的论述，是弗洛姆对历史唯物主义解读的一个亮点。

第二节　弗洛姆人的生存方式理论的局限

一、弗洛姆关于人的生存方式转变的路径设想大部分不具有可操作性

在本书第五章中，弗洛姆怀着对人类美好未来的憧憬，描绘了一幅人类社会的"应然"画卷，可是在可以预见的时间内，弗洛姆没想的人的生存方式转变的路径的可行性有待商榷。这也是西方马克思主义学者的通病。在审视当代资本主义社会存在的种种问题时，西方马克思主义学者往往显示出非凡的观察力和敏锐的洞察力，可

---

① Erich Fromm. Marx's Concept of Man ［M］. London and New York: Continuum, 2004: 58.

在解决问题方面却难免陷入乌托邦式的空想。下面，笔者将对弗洛姆实现"重存在"生存方式的路径设想略作分析。

在经济领域，弗洛姆的设想是将生产建立在健康消费的基础之上。这一设想包括两个方面的内容：一个是健康的消费，另一个是健康的生产。这条建议在资本主义社会注定行不通。资本主义社会的生产是逐利的，不是为了迎合人们健康的消费。马克思在《资本论》中一针见血地道出了资本的本性："资本来到世间，从头到脚，每个毛孔都滴着血和肮脏的东西。"① 资本的嗜血性与逐利性，是资本主义社会生产的动力源泉，同时也决定了资本主义社会生产的性质与目的——最大化生产利润。当然，这也是"资产阶级在它的不到一百年的阶级统治中所创造的生产力，比过去一切世代创造的全部生产力还要多，还要大"的根本原因。② 而健康的消费显然是妨碍资本逐利的，必然会受到资本家的坚决抵制，弗洛姆提出的应对方案是消费者的罢购运动。可这又能怎么样呢？难道消费者真的能够为了健康的消费而联合起来进行抵制？用弗洛姆自己的话来说，当代资本主义社会本就不是一个精神健全的社会，人们用酗酒、吸毒、自杀等方式应对内在的空虚与无助。在这样一个充满精神障碍的社会，人们的精神尚且不健全，又怎么可能鉴别出何为健康的消费呢？显然，把为了健康消费而联合起来抵制资本家生产的希望寄托在这些患有精神障碍的人身上是不切实际的。

---

① 马克思恩格斯文集：第5卷［M］．北京：人民出版社，2009：871.
② 马克思恩格斯文集：第2卷［M］．北京：人民出版社，2009：36.

弗洛姆建议，可以成立一个由心理学家、哲学家、社会学家、人类学家等组成的小组来专门研究健康消费问题，并在研究的基础上提出健康消费的标准。这条建议实施起来虽然相对比较容易，但是由政府来统一组织实施较好，毕竟政府在组织相关专家学者方面具有先天优势。政府制定了关于健康消费的标准，并将其公之于众以后，还要举行一场关于健康消费的宣传推广运动予以配合。这一套组合拳打下来也许会产生一些效果，但这些效果就像一阵风一样，过了之后，人们的消费习惯一如既往。

最令人惊讶的是，弗洛姆提出的最低年收入保障计划。即无论一个人有工作与否，对社会有贡献与否，都有权利参与这项计划。弗洛姆提出这样计划的初衷，是让那些为了生存不得不依附于另一个人或组织的人能够重获独立与自由，从而在此基础上能够做一些自己想做的事情，并借此通往"存在"状态。须知，这条建议要想获得良好效果的前提条件就是人类内在的良善。缺少这一个前提，别说欲获得良好效果，就是连实施起来都不可能。弗洛姆坦承，如果实施这项计划的话，那么统治者就无从控制与剥削民众了。

在一定程度上可以说，最低年收入保障是最初级的"按需分配"。须知，共产主义的"按需分配"是建立在物质资料极大丰富的基础之上的。马克思在《哥达纲领批判》中指出："在共产主义社会高级阶段，在迫使个人奴隶般地服从分工的情形已经消失，从而脑力劳动和体力劳动的对立也随之消失以后；在劳动已经不仅仅

142

是谋生手段，而且本身成了生活的第一需要之后；在随着个人的全面发展，他们的生产力也增长起来，而集体财富的一切源泉都充分涌流之后，——只有在那个时候，才能完全超出资产阶级权利的狭隘眼界，社会才能在自己的旗帜上写上：各尽所能，按需分配！"[1]可见，马克思给按需分配的实行限定了诸多条件，而对照目前的世界状况，没有一个国家能够达到上述条件。我国作为社会主义国家，经济总量排行世界第二，目前尚实行"以按劳分配为主体，多种分配方式并存"的分配方式，遑论资本主义国家。况且在"按需分配"之前，马克思还加了四个字"各尽所能"。而弗洛姆的最低年收入保障计划是无条件的，不管这个人有没有工作，不管这个人有没有对社会尽到义务。在笔者看来，这项计划的实施一定会助长全社会的好吃懒做之风。基于以上分析，笔者以为，就当前的社会条件来说，弗洛姆的最低年收入保障计划是无法实施的。

　　至于弗洛姆其他方面的建议，也存在同样的问题。弗洛姆在充满激情地描绘一幅未来社会的"应然"画卷，然而，"画水无风空作浪，绣花虽好不闻香"。马克思曾经说过："哲学家们只是用不同的方式解释世界，问题在于改变世界。"[2] 在解释世界的问题方面，弗洛姆以人的生存方式理论——弗洛伊德的精神分析与马克思理论的综合来解读资本主义工业社会可谓精妙绝伦、异彩纷呈，可是在改变世界的问题上，弗洛姆同大多数哲学家一样，其理论是苍白无

---

① 马克思恩格斯文集：第3卷［M］．北京：人民出版社，2009：435-436.
② 马克思恩格斯文集：第1卷［M］．北京：人民出版社，2009：502.

力、乏善可陈的。

二、改良主义道路终将是一场镜花水月

弗洛姆把"重占有"生存方式产生的根源，归结于资本主义制度本身——一个以私有财产、利润和权力为生存支柱的社会。按照弗洛姆人的生存方式理论的逻辑来看，唯有消灭资本主义制度，才是使人类摆脱"重占有"生存方式的治本之策。但在弗洛姆关于实现"重存在"生存方式的路径设想中，无论哪一条建议，都是对资本主义制度的修修补补。即便他提出的不同于资本主义制度和社会主义制度的人本主义的社会主义道路，也没有指出一定要推翻资本主义制度。弗洛姆明明准确找到了"重占有"生存方式产生的根源，为什么只是提出一些扬汤止沸、中看不中用的路径设想呢？

这要归因于弗洛姆本身的阶级局限性。弗洛姆在生前的最后一部著作《弗洛伊德思想的贡献与局限》一书中，将弗洛伊德思想局限性归因于弗洛伊德的阶级局限性。比如弗洛伊德的泛性论把"性"看作是人的内在驱动力（这里的"性"并非指狭义上的"性"，而是一种广义上的"快感"）。在弗洛姆看来，弗洛伊德之所以提出泛性论，就是因为受到了当时流行的资产阶级唯物主义理论的影响。因此，弗洛伊德在阐释人的内在驱动力的时候，从生理上去寻求其根源。①

---

① ［美］埃里希·弗洛姆. 弗洛伊德思想的贡献与局限 ［M］. 长沙：湖南人民出版
社，1986：8-9.

弗洛姆是一个深切关怀人类生存困境的人本主义学者，为指引人类走出生存困境做出了卓越贡献，但是他毕竟是一位资产阶级的人本主义学者。因此，他在明知"重占有"生存方式的根源乃在于资本主义制度本身之后，却没有提出推翻资本主义的建议。弗洛姆提出来的所有建议，都是以不触动资本主义根本制度为前提的。在这一点上，我们无须苛责弗洛姆，因为资本主义制度之于他来说，是"生于斯，长于斯"。他之所以批判资本主义制度的种种不足，是为了使资本主义制度更加完善。资本主义所倡导的民主、自由，可以说是他的"常识"。用他自己的话来说："富有创造性的思想家只有在其文化的逻辑范畴、思想模式，以及其可用以表达的概念中进行思维。"① 因此，任何一个学者的思考与创造，都不可能逃脱时代与阶级的窠臼，都会带有那个时代和自身阶级的烙印。

我们不应苛责前人，但也不能对前人的问题熟视无睹。弗洛姆的改良主义道路，让笔者想起了一百年前胡适与李大钊的"问题与主义"之争。和弗洛姆一样，胡适对于现实中存在的问题，主张改良主义道路。在《多研究些问题，少谈些"主义"!》一文中，他奉劝新闻舆论界的同志："请你们多多研究这个问题如何解决，那个问题如何解决，不要高谈这种主义如何新奇，那种主义如何奥妙。"② 李大钊针锋相对地提出，中国的社会问题，必先有一个马克思主义

---

① ［美］埃里希·弗洛姆. 弗洛伊德思想的贡献与局限［M］. 长沙：湖南人民出版社，1986：6.
② 胡适. 胡适文集：社会卷［M］. 长春：长春出版社，2013：125.

的"根本解决"，才有把一个一个的具体问题都解决的希望。① 对于这场"问题与主义"之争的胜负，历史已经给出了明确的答案。中国人民在中国共产党的带领下，建立了新中国，并在中华大地上实现了社会主义。胡适在《多研究些问题，少谈些"主义"!》一文中所谈到的中国社会存在的问题全部得到了解决。因此，欲实现人类的生存方式从"重占有"向"重存在"的转变，非推翻资本主义制度不可。弗洛姆所提出的对资本主义制度修修补补的改良主义的建议，注定是一场徒劳。

三、生存方式的转变没有可以依靠的力量

纵览弗洛姆人的生存方式理论，弗洛姆虽然就如何实现生存方式的转变提出了一些建议，但是却找不到实现这种转变所倚靠的力量如在经济领域，弗洛姆的建议是将社会的生产建立在健康的消费这一基础之上。其建议本身倒无可厚非，只是如何实行呢？由谁来实行呢？依靠资本家的自觉吗？他们又怎么可能有这种觉悟呢？这就好比一个人对着一帮刚刚打劫回来的强盗说："放弃你们手中的东西吧，这是不义之财!"这一方面显示了这个人的无知，另一方面也显示了这个人的幼稚，同时这也是对强盗的侮辱。依靠政府的推动吗？须知，在资本主义国家，资产阶级是统治阶级，掌权者是资本家的利益代言人，资本家的财力支持是掌权者政权稳固的基础，两

---

① 李大钊全集：第 3 卷［M］. 北京：人民出版社，2013：55.

者的利益是紧密联系在一起的。让掌权者"大义灭亲",是根本不可能的事。依靠消费者吗?且不说消费者是一盘散沙,不是一个阶级或阶层,没有共同的利益,根本无法有效组织起来形成一股合力。因此,依靠消费者的联合来迫使生产建立在健康的消费基础之上是不现实的。

在政治领域,弗洛姆主张实行参与式民主制,措施是组建成千上万个 500 人规模的"面对面"群体。与经济领域的变革面临的问题一样,由谁来推动这个建议的实施呢?寄希望于掌权者吗?须知,从本质上来说,资本主义的政治制度是资产阶级进行政治统治和社会管理的工具,是为资产阶级专政服务的,不是为人民大众服务的。资本主义民主是虚假的民主,是有钱人的政治游戏,是资产阶级用来装点门面的工具。对于资本主义的民主制度,毛泽东曾经一针见血地指出了其本质:"像现在的英、法、美等国,所谓宪政,所谓民主政治,实际上都是吃人政治。这样的情形,在中美洲、南美洲,我们也可以看到,许多国家都挂起了共和国的招牌,实际上却是一点民主也没有。"① 因此,资产阶级是不会与人民大众分享权力的,而组建成千上万个 500 人左右的"面对面"群体,实行参与式民主制,就是让人民大众分享资产阶级的权力,掌权者又怎么可能答应呢?

弗洛姆的其他建议,也存在同样的问题。他的建议纯粹是一种呼吁,一种呐喊。马克思之前的社会主义之所以被称为空想社会主

---

① 毛泽东选集:第 2 卷[M].北京:人民出版社,1991:736.

义，一个很重要的原因就是所有的空想社会主义者都是在描述一幅美好的社会主义的"应然"画卷，却找不到可以依靠的力量。马克思的社会主义之所以被称为科学社会主义，一个很重要的原因就是马克思找到了实现社会主义可以依靠的力量——无产阶级。唯有找到了可以依靠的力量，实现社会主义的战略与策略才有了行为主体、动力源泉，"用暴力推翻全部现存的社会制度"① 才不是一句空洞的口号。中国共产党人根据农民占人口绝大多数的具体国情，创造性地运用马克思主义理论，找到了取得革命胜利的依靠力量——工农联盟，经过 28 年艰苦卓绝的斗争，一个崭新的中国终于屹立于世界东方。可以说，没有可以依靠的力量的理论，终将是坐而论道、纸上谈兵。

① 马克思恩格斯文集：第 2 卷 ［M］．北京：人民出版社，2009：66.

第六章

弗洛姆人的生存方式理论的时代启示

弗洛姆人的生存方式理论诞生于 20 世纪 70 年代末，旨在批判资本主义社会中人的生存方式的异化，表达了对现代人生存困境的深切关怀。纵观我国当前社会，在支流上也出现了生存方式的"重占有"倾向。而在培育人们"重存在"的生存方式，在新时代更好推进社会主义现代化建设，实现中华民族伟大复兴的中国梦等方面，弗洛姆人的生存方式理论具有重要的借鉴意义。

第一节　我国能够从弗洛姆人的生存方式理论中
寻找启示的根本原因

如前已述，弗洛姆关于人的生存方式转变的路径设想大部分不具有可操作性。这是因为，在资本主义制度下，资产阶级是统治阶级，掌握着国家政权。作为统治者的资产阶级不可能甘愿牺牲自身的既得利益，而使整个社会向着有利于人民大众的方向转变。弗洛姆寄希望于资产阶级的主动变革，注定破灭。但在社会主义制度之下，弗洛姆关于人的生存方式转变的一系列路径设想大部分具有可操作性，而且他所提出的一些对策建议或类似的对策建议，我国正在实施。

比如，我党开展的群众路线教育实践活动，以贯彻落实中央八项规定为切入点，按照"照镜子、正衣冠、洗洗澡、治治病"的总要求，突出作风建设，反对形式主义、官僚主义、享乐主义、奢靡之风，密切党同人民群众的血肉联系。这同弗洛姆主张的用人道主义管理取代官僚主义管理不谋而合。基层群众自治制度是我国的三大基本政治制度之一。这一制度通过确保人民群众在自己生活的社区内，通过选举、决策、管理和监督，直接参与基层公共事务和公益事业管理的权利，从而调动了人民群众参与的积极性，为人民群众学习民主、实践民主搭建了一个成本低、效益高的平台。这和弗洛姆提出的建立"面对面"群体的目的基本一致。目前我国正在大力推动构建人类命运共同体和"一带一路"倡议，其目的就是把中国的发展同其他国家的发展结合起来，促进相互之间的交流合作、互通有无，进而实现共同发展、共同繁荣。这和弗洛姆所主张的消弭穷国与富国之间的差距，有异曲同工之妙，但立意更加高远、内涵更加丰富。在培育集体艺术方面，作为社会主义国家，党和政府历来重视丰富群众性文化活动，以满足人民群众的精神需要。

同样是弗洛姆提出的建议，为什么在资本主义制度下基本上是一种空想，而在我国的社会主义制度下却大部分具有了可操作性呢？这主要是由中国共产党的性质和社会主义的性质决定的。中国共产党是中国工人阶级的先锋队，同时也是中国人民和中华民族的先锋队，代表中国先进生产力的发展要求，代表中国先进文化的前进方向，代表中国最广大人民的根本利益。党的利益与人民群众的利益是高度一致的，实现人民群众的利益就是我党所有工作的出发点与最终归宿。只要是有益于人民群众的事，我党都会不遗余力地去做。而在资本主义制度下，由于存在阶级对立，无论多么良善的政策措施，只要是有损于自身利益，掌权的资产阶级都不会采纳。尽管弗洛姆的建议带有某种程度上的空想性，但从总体上来说，他的许多建议是良善的，在社会主义制度下是可行的。如何解决我国社会上出现的一些"重占有"倾向问题，更好推进社会主义现代化建设，某种程度上，弗洛姆人的生存方式理论为我们提供了有价值的启示。

第二节　加强社会主义精神文明建设

弗洛姆从当今资本主义社会中人们的生存方式中存在的种种问题着手，并用"'重占有'的生存方式"一词对其进行了高度而准确的概括，不仅全方位地、犀利地批判了"重占有"的生存方式，还指出了人的生存方式转变的可能性，并提出了相应的对策建议。弗洛姆人的生存方式理论中，有一条主线始终贯穿其中，那就是致力于推动现代人向人的本质的重新回归，增强人的"内部自我感"。如欲增强人的"内部自我感"，最直接、最有效的方式，莫过于加强精神文明建设。弗洛姆提出的关于人的生存方式转变的对策建议，我国正在实施，而且立意更加高远、内涵更加丰富、内容更加具体、措施更合实际。下面，笔者拟就增强人的"内部自我感"最直接、最有效的方式方面，谈一下自己的见解。

一、大力弘扬社会主义核心价值观

价值观是一个人的行为导向，即一个人有怎样的价值观，就会做出怎样的行为。在现实生活中，一个以"占有"为价值导向的人，势必会汲汲于功名利禄；一个以"存在"为价值导向的人，也一定会无私奉献、乐于助人。上升到一个国家和民族同样如此，一个国家和民族的价值观就是该国家和民族用以判断是非对错，衡量善恶美丑的标准，指导着该国家和民族的行为与方向。所谓核心价值观，乃是价值观中最为关键、分量最重的部分，是整个价值观的根基。社会主义核心价值观是社会主义精神文明建设的核心内容，是对社会主义核心价值体系的凝练，是全体中国人民共同的价值追求，是当代中国精神的集中表达，是引领亿万中华儿女为社会主义伟大事业不懈奋斗的精神动力。

大力弘扬社会主义核心价值观，有助于引导人们克服"重占有"的生存方式，从而逐渐向"重存在"的生存方式转变。第一，社会主义核心价值观能够为人们克服"重占有"的生存方式提供一个良好的外部环境。社会主义核心价值观总共 24 个字，分为国家、社会、个人三个层面的内涵。国家层面的内涵是富强、民主、文明、和谐，社会层面的内涵是自由、平等、公正、法治。无论是国家层面的内涵还是社会层面的内涵，都是人们向"重存在"的生存方式转变必不可少的外部环境，也是弗洛姆所指的"新社会"必须具备的要素。富强、民主、文明、和谐的国家为"重存在"的生存方式奠定了物质基础、制度保障和文化滋养；自由、平等、公正、法治的社会为"重存在"的生存方式提供了有利的社会氛围。也就是说，社会主义核心价值观的国家层面和社会层面的内涵为人们从"重占有"的生存方式向"重存在"的生存方式转变提供了一个必不可少的良好外部环境。第二，社会主义核心价值观能够从内在激发人们向"重存在"的生存方式转变。除了国家层面和社会层面的内涵，社会主义核心价值观还有个人层面的内涵，即爱国、敬业、诚信、友善。显然，这四点也是一个"重存在"的人必备的个人品格。培育人们爱国、敬业、诚信、友善的个人品格，也是在培育"重存在"的人，也就是弗洛姆所指的"新人"。

综上所述，社会主义核心价值观有助于人们克服生存方式上的"重占有"倾向，不仅从外在为人们向"重存在"的生存方式转变提供条件，更从内在塑造"重存在"的人。因此，新时代，我们要大力弘扬社会主义核心价值观，强化教育引导、实践养成、制度保障，将其融入社会主义现代化建设各领域和全过程，转化为人们强烈的情感认同和自觉的行为习惯，在落细、落小、落实上下功夫，使社会主义核心价值观的影响像空气一样无所不在、无时不有，成为百姓日用而不觉的行为准则。①

二、加强思想道德建设

加强思想道德建设的目的是弥补人们内在的空虚，用良善的思想和道德激发出人的"重存在"倾向，从而以建设性的方式重新与世界融为一体，获得安全感和力量。"重占有"倾向的人之所以不断地去占有，就是源自内在的空虚和安全感的缺失。为了表明自身的存在，为了消弭内在的空虚、孤独、焦虑，他们采取不断占有的方式。这种非建设性的与世界融为一体的方式，虽然能够让人们在占有的一瞬间或者在短暂的时间内获得满足，可是在短暂的满足之后，就会重新陷入空虚、孤独、焦虑的感觉之中，为了消弭这些不良的感觉，"重占有"倾向的人又不得不再次去占有，如此陷入一种恶性循环。解决这一问题的根本途径就在于，用人本身就存在的"重存在"倾向来消弭空虚、孤独、焦虑等不良的感觉。要激发出人的内在的"重存在"倾向，可以通过加强思想道德建设的方式。

第一，加强理想信念教育。中国特色社会主义是全国各族人民的共同理想，中华民族伟大复兴的中国梦是全体中华儿女的共同追求。因此，我们要持之以恒加强理想信念教育，使人们牢牢树立中国特色社会主义共同理想和对中华民族伟大复兴中国梦必将实现的坚定信念。这样，就会激发出人们为共同理想和伟大梦想不懈奋斗

---

① 中共中央宣传部．习近平新时代中国特色社会主义思想学习纲要［M］．北京：学
习出版社、人民出版社，2019：144-145.

的持久动力。正是因为有理想信念的指引，人们才不会迷失方向、迷失自我，才会感到内在的充盈而不是空虚，才不会陷入不断占有的恶性循环。第二，加强道德建设。要深入实施公民道德建设工程，推进社会公德、职业道德、家庭美德、个人品德建设，激励人们向上向善、孝老爱亲，忠于祖国、忠于人民。① 作为个人，也要不断加强道德修养，用高尚的道德情操激发人的"重存在"倾向，激发人内在的爱和创造性力量，以建设性的方式重新与社会融为一体。

三、传承中华优秀传统文化

中华文化博大精深、源远流长，历经 5000 年而绵延至今，是中华民族的精神支撑，作为精华所在的中华优秀传统文化更是可以超越时空，具有永不褪色的价值。然而，近代以来，由于错过了前两次工业革命，在军事等"硬实力"方面，我国与西方国家的差距逐步拉大。1840 年鸦片战争以后，在抵御西方列强的侵略中，我国屡次败北。在一次次战败中，我国也开始向西方国家学习，先是技术层面，而后是制度层面，最后转向文化层面。1915 年兴起的新文化运动虽然在促进人们的思想解放方面功不可没，但不可否认的是，新文化运动也同时严重冲击了中国的传统文化，西方文化开始在中华大地上逐渐盛行。当传统文化被视为近代以来导致我国落后的原因时，又怎么可能引起人们的足够重视？更为严重的是，中国人在

---

① 习近平. 决胜全面建成小康社会 夺取新时代中国特色社会主义伟大胜利——在中国共产党第十九次全国代表大会上的报告［M］. 北京：人民出版社，2017：43.

西方人面前会不由自主地流露出文化自卑感。这种不良状况一直持续到近年来随着我国经济等各方面的强势崛起方才好转。

中华优秀传统文化包罗万象，内容极其丰富，总结起来，大致包括以下三个部分：一是核心思想理念，诸如天人合一、仁者爱人、民为邦本、革故鼎新、知行合一、辩证、和合、大同等；二是中华传统美德，诸如自强不息、重义轻利、扶危济困、谦恭礼让、修己慎独、孝老爱亲等；三是中华人文精神，诸如俭约自守、中和泰和的生活理念，求同存异、和而不同的处事方法，形神兼备、情景交融的美学追求等。可以看出，中华优秀传统文化，无论是核心思想理念，还是传统美德，抑或是人文精神，都有利于激发人内在的"存在"潜能，培育人的"重存在"的生存方式。可以说，中华文化以"存在"为特征，而西方文化以"占有"为特征。因此，我们要增强文化自觉，坚定文化自信，"深入挖掘中华优秀传统文化蕴含的思想观念、人文精神、道德规范，结合时代要求继承创新，让中华文化展现出永久魅力和时代风采"。①

第三节　推动形成绿色发展方式和生活方式

一、"重占有"的生存方式是导致生态环境问题的根源

在西方发达的资本主义工业社会，由于"重占有"生存方式的

---

① 习近平谈治国理政：第3卷［M］．北京：外文出版社，2020：33．

影响，人们用非理性消费满足自己的占有欲、填补内心的空虚，以显示自身的存在。而生产者为了能够获取更大利益，不仅大量生产满足人们消费欲望的产品，甚至还会主动诱导人们的消费欲望。失去"内在自我感"的消费者和生产者都在尽力地去"占有"，以增强现实生活中的自我感。消费者在不断占有物品，生产者在不断生产物品，欲望永无止境，以至于两者陷入恶性循环，都沉溺于"重占有"的生存方式而无法自拔，进一步加重了整个社会的"重占有"倾向。消费者购买的物品不可能凭空产生，需要生产者的生产，而生产是需要耗费资源的。从本质上来说，生产就是人类通过实践活动使自然资源转化为自身生存需要产品的过程。自然资源的转化必然带来生态环境的改变。如果这种转化能够保持在合理适度范围，那么生态环境就不会出现问题。而一旦超出合理范围，那带来的就不仅仅是生态环境的改变，而是生态环境的破坏甚至恶化。

那么，是什么导致了自然资源的转化超出合理适度的范围呢？答案是人类对大自然的过度索取。而导致人类对大自然过度索取的根本原因正是弗洛姆所阐述的人的"重占有"的生存方式。"重占有"的生存方式驱使消费者无休止地占有物品，驱使生产者无休止地占有金钱。为了实现对金钱的占有，生产者就必须无休止地生产消费者需要的产品。在消费者和生产者的这种恶性循环中，人类超出了向大自然索取的合理范围，进而引起了生态环境的破坏、恶化。对此，习近平在 2018 年的全国生态环境保护大会上一针见血地指出，"生态环境问题归根结底是发展方式和生活方式问题"。① 无论发展方式还是生活方式，都属于人类的生存方式。因此，这句话可以解读为，人类不恰当的发展方式和生活方式即不合理的生存方式（也就是弗洛姆所言的"重占有"的生存方式）是引起生态环境问题的根源。

观之我国，改革开放以来，为搭上现代化发展的列车，尽快追赶上西方发达国家，我们始终坚持以经济建设为中心，这是必要的、必须的。然而阶级社会的发展必然伴随一定的代价，不知不觉中，我国社会上也出现了"重占有"生存方式的倾向，由此造成的问题是，我国经济建设取得巨大成就的同时，也积累了大量亟待解决的环境问题。如果不下大力气解决环境问题，经济的发展就会受到制约，甚至出现倒退。对于这一点，恩格斯早就警示世人："我们不要过分陶醉于我们人类对自然界的胜利。对于每一次这样的胜利，自然界都对我们进行报复。每一次胜利，起初确实取得了我们预期的结果，但是往后和再往后却发生完全不同的、出乎预料的影响，常常把最初的结果又消除了。"② 为破除经济发展的环境因素障碍，促进经济进一步发展，我们必须正视生态环境问题。目前，我国已经到了必须解决环境问题，也能够解决这一问题的发展阶段。此外，我国已经进入社会主义新时代，社会主要矛盾的变化也促使我们必须正视生态环境问题，提供更多、更优良的生态产品，满足人民日

---

① 习近平. 推动我国生态文明建设迈上新台阶 [J]. 求是, 2019 (3)：11.
② 马克思恩格斯文集：第9卷 [M]. 北京：人民出版社, 2009：559-560.

益增长的美好生活需要。

二、推动形成绿色发展方式和生活方式是解决环境问题的根本之策

既然"重占有"的生存方式是导致环境问题的根源，那么，解决环境问题的根本之策就是转变人们的生存方式，推动形成绿色发展方式和生活方式。对此，习近平指出："要从根本上解决生态环境问题，必须贯彻创新、协调、绿色、开放、共享的发展理念，加快形成节约资源和保护环境的空间格局、产业结构、生产方式、生活方式。"[①] 换言之，只有推动形成绿色发展方式和生活方式，才能从根本上解决生态环境问题。

如果说加强社会主义精神文明建设是从内部促使人们实现生存方式转变的方法，那么，推动形成绿色发展方式和生活方式则是从外部促使人们实现生存方式转变的方法。推动形成绿色发展方式和生活方式之所以能够促使人们的生存方式发生转变，原因就在于行为可以改变思想。从本质上来说，生存方式的转变首先是一种观念上的转变。人们有了"重存在"生存方式的观念，自然就会有相应的"重存在"的生存方式。然而，观念上的转变绝不是一件容易的事情。纯粹的宣传和说教效果不会很明显。那么，我们可以直接通过改变行为的方式，使人们的观念在新的行为中得到熏陶和浸润。新的行为产生新的情感体验，新的情感体验必然产生新的认知，新

---

① 习近平谈治国理政：第 3 卷［M］．北京：外文出版社，2020：361.

的认知形成新的观念。推动形成绿色发展方式和生活方式对人的生存方式转变的影响，亦是如此。

绿色发展方式和生活方式一旦形成，人们在这种新的行为方式中一定会产生关于绿色发展方式和生活方式的情感体验，这种情感体验又会影响人们对绿色发展方式和生活方式的认知，这种认知并不是来自宣传和说教，而是来自一种实实在在的体验。显然，自身体验的认知要比外在输入的认知更真切、更牢固、更持久。人们对绿色发展方式和生活方式的观念就建立在人们对绿色发展方式和生活方式的认知基础之上。有什么样的观念就会有什么样的行为，人们对绿色发展方式和生活方式的观念又会反过来进一步推动整个社会形成绿色发展方式和生活方式。如此，在绿色发展方式和生活方式的观念与行为的良性互动中，人们的生存方式就会发生转变，从而为从根本上解决环境问题准备了必要条件。

三、在习近平生态文明思想的指引下推动形成绿色发展方式和生活方式

推动形成绿色发展方式和生活方式，离不开习近平生态文明思想的指引。党的十八大以来，面对时代和现实提出的生态环境问题，以习近平同志为核心的党中央本着对人民负责、对国家和民族负责的政治担当，以巨大的政治勇气和非凡的政治智慧，在社会主义生态文明建设的生动实践中，提出了一系列解决环境问题的新理念新思想新战略，开创了社会主义生态文明建设的新局面，形成了习近

平生态文明思想。实践证明，只有在习近平生态文明思想的指引下，我们才能更好推动形成绿色发展方式和生活方式。

加快形成绿色发展方式，要重点推进以下工作：第一，坚决摒弃过去那种为了经济增长，而大量投入资源要素的粗放型的发展方式，而代之以集约型的绿色的发展方式。绿色发展方式在促进经济发展的同时，还能够节约资源，保护生态环境。发展经济的目的，就是使人们能够过上更加美好的生活。如果经济发展上去了，而环境质量下来了，没有一个优美的生存环境，人民看不到绿水青山，甚至呼吸不到新鲜空气，那么，我们的经济发展就成了舍本逐末，失去了意义。第二，调整经济结构和能源结构，大力发展绿色环保产业。对于那些有损于生态环境的产业，我们要限制发展、逐步舍弃，大力培育那些既能够实现经济发展又不损害生态环境的绿色环保产业，并使其逐步成长为促进国民经济发展的支柱型产业。

加快形成绿色生活方式的意义同样重大。绿色生活方式不仅有利于生态环境保护，还能够倒逼生产方式绿色转型。加快形成绿色生活方式，要重点从以下几个方面着手：第一，增强全民环保意识。我们要通过学习，不断熟悉掌握现代社会信息传播规律，用好短视频、公众号等新媒体，创新宣传手段，增强宣传感染力，以人民群众喜闻乐见的形式加强环保意识的宣传与教育，让绿水青山观念深入人心，使环保理念渗入每个人的潜意识，化为日用而不觉的行为习惯。第二，开展全民绿色行动。在全社会开展各种形式的旨在倡导简约适度、绿色低碳生活方式的绿色行动，反对奢侈浪费，反对非理性消费，逐步树立起合理消费、健康生活的社会风尚。人们的绿色行为又反过来可以浸润、熏陶、滋养人们的绿色理念。人们的生存方式就在绿色行为与绿色理念的良性互动中得以转变，绿色发展方式和生活方式也将变得愈益巩固。

结　论

　　人的生存方式理论是弗洛姆在晚年时期提出的重要理论。这一理论集中阐述于《占有还是存在》《存在的艺术》两本著作中。由于人的思想具有连贯性，人的生存方式理论也散见在弗洛姆的其他著作中。笔者按照弗洛姆人的生存方式理论创立的时代背景和思想渊源、弗洛姆关于人生存的两种方式、弗洛姆对"重占有"生存方式的批判、弗洛姆对人的生存方式转变的可能性分析、弗洛姆对实现"重存在"生存方式的路径设想的逻辑顺序，对弗洛姆人的生存方式理论进行了系统而全面的梳理、整合，使弗洛姆的这一理论能够以较为体系化的形式清晰地展现在读者面前。

　　通过纵览弗洛姆人的生存方式理论，"重占有"生存方式的概念在一定程度上揭示了当今资本主义社会人的生存方式的核心本质。也就是说，通过深入探究当今资本主义社会，弗洛姆从人们形形色色的生存方式问题中，准确把握住了隐藏于背后的本质，找到了问题的根源——资本主义私有制。他用"重占有"这一概念形象而恰当地概括了当今资本主义社会中已经异化的生存方式。与此同时，为了给深陷于"重占有"生存方式漩涡中的人们以希望，弗洛姆又提出了一个与"重占有"生存方式相反的概念——"重存在"的生存方式，这也的确在一定程度上为人类生存方式的转变提供了一定的启示。借助于人的生存方式理论，弗洛姆从生产、消费、政治、文化、社会生活等方面展开了对资本主义社会人的生存问题的全面批判。可以说，他的批判鞭辟入里、入木三分，相当深刻地指出了当今资本主义社会中人的生存方式存在的问题。马克思的理论是弗洛姆人的生存方式理论的一个重要来源，弗洛姆正确地看到了马克思历史唯物主义对人的价值的重视，为其创立人的生存方式理论奠定了基础，但他又过度拔高了人本主义因素在马克思历史唯物主义中的地位，对历史唯物主义作了过度的人本主义解读。这显然是弗洛姆人的生存方式理论的一个局限。除此以外，弗洛姆关于人的生存方式转变的路径设想由于找不到可以依靠的力量，导致其大部分不具有可操作性，不过是坐而论道、纸上谈兵。限于自身的阶级局限，弗洛姆提出的对资本主义制度修修补补的改良主义道路注定是一场镜花水月的徒劳。

弗洛姆提出人的生存方式理论，至今已近半个世纪。我们研究这一理论，目的就是古为今用、洋为中用，就是从历史的经验中寻求解决当代问题的智慧。太阳底下没有新鲜的事情。当前，我国社会上也出现了一些弗洛姆笔下所描述的"重占有"倾向，尽管不是整体的、主流的，但也要引起足够重视，并采取措施解决。态度是行动的先导。我们首先要做的，就是解决态度问题。辩证唯物主义和历史唯物主义告诉我们，社会的发展总是建立在一定的代价基础之上，没有无代价的发展，也没有无发展的代价。为了尽快追赶上欧美等发达资本主义国家，40多年前，我国实行改革开放，一切以经济建设为中心。在经济迅猛发展的同时，我国也付出了一些代价。目前我国社会上出现的一些"重占有"倾向就属于为集中精力发展经济而付出的代价，从根源上来说，这些不过是我国为发展经济而引入的市场经济的"副产品"而已。有了这样的认知，我们就能以合理的态度对待目前我国社会上出现的一些"重占有"倾向了。我们所能做的、所要做的，也必然是可以做到的，就是将这些"副产品"限定在尽可能小的范围之内。从总体上来说，尽管弗洛姆关于实现"重存在"生存方式的对策建议带有某种程度上的空想性，但他的许多建议是良善的，在社会主义制度下是可行的。因此，新时代，关于如何解决我国社会上出现的一些"重占有"倾向问题，某种程度上，我们可以、也确实应当从弗洛姆人的生存方式理论中汲取智慧。

参考文献

中文部分：

马克思恩格斯文集：第 1—10 卷 ［M］. 北京：人民出版社，2009.

马克思恩格斯选集：第 1—4 卷 ［M］. 北京：人民出版社，2012.

习近平. 习近平谈治国理政 ［M］. 北京：外文出版社，2014.

习近平. 习近平谈治国理政：第 2 卷 ［M］. 北京：外文出版社，2017.

习近平. 习近平谈治国理政：第 3 卷 ［M］. 北京：外文出版社，2020.

［美］埃里希·弗洛姆. 弗洛伊德思想的贡献与局限 ［M］. 申荷永，译. 长沙：湖南人民出版社，1986.

［美］埃·弗洛姆. 说爱 ［M］. 王建朗，胡晓春，译. 合肥：

安徽人民出版社，1987.

［美］埃里希·弗罗姆. 精神分析的危机［M］. 许俊达，许俊农，译. 北京：国际文化出版公司，1988.

［美］埃里希·弗洛姆. 弗洛伊德的使命：人格与影响力分析［M］. 尚新建，译. 北京：世纪图书出版公司，1988.

［美］艾·弗罗姆. 人心［M］. 张月才，张燕，译. 北京：商务印书馆，1989.

［美］埃·弗洛姆. 马克思论人［M］. 陈世夫，张世广，译. 西安：陕西人民出版社，1991.

［美］弗洛姆，［日］铃木大拙，［美］马蒂诺. 禅宗与精神分析［M］. 王雷泉，冯川，译. 贵阳：贵州人民出版社，1998.

［美］埃里希·弗罗姆. 被遗忘的语言［M］. 郭乙瑶，宋晓萍，译. 长沙：国际文化出版公司，2001.

［美］埃·弗洛姆. 精神分析与宗教［M］. 孙向晨，译. 上海：世纪出版集团、上海人民出版社，2006.

［美］埃里希·弗洛姆. 在幻想锁链的彼岸——我所理解的马克思和弗洛伊德［M］. 张燕，译. 长沙：湖南人民出版社，2011.

［美］艾·弗洛姆. 爱的艺术［M］. 李健鸣，译. 上海：上海译文出版社，2011.

［美］艾·弗洛姆. 自我的追寻［M］. 孙石，译. 上海：上海译文出版社，2012.

［美］埃里希·弗洛姆. 人类的破坏性剖析［M］. 李穆，等

译．北京：世纪图书出版社公司，2014.

[美] 艾里希·弗洛姆．逃避自由 [M]．刘林海，译．上海：上海译文出版社，2015.

[美] 埃里希·弗洛姆．占有还是存在 [M]．李穆，等译．北京：世纪图书出版社公司，2015.

[美] 艾里希·弗洛姆．论不服从 [M]．叶安宁，译．上海：上海译文出版社，2017.

[美] 艾里希·弗洛姆．健全的社会 [M]．孙恺祥，译．上海：上海译文出版社，2018.

[美] 艾里希·弗洛姆．存在的艺术 [M]．汪雁，译．北京：人民文学出版社，2018.

冯颜利．国外马克思主义研究专题 [M]．北京：当代世界出版社，2010.

冯颜利．中国特色社会主义文化建设：打造高尚精神世界的文化发展之路 [M]．北京：中共中央党校出版社，2013.

冯颜利．实现中国梦的精神支柱——中国特色社会主义文化建设 [M]．北京：红旗出版社，2014.

张伟．弗洛姆思想研究 [M]．重庆：重庆出版社，1996.

郭永玉．孤立无援的现代人——弗罗姆的人本精神分析 [M]．武汉：湖北教育出版社，2001.

孔文清．弗洛姆自律道德研究 [M]．上海：上海人民出版社，2010.

邓志伟. 弗洛姆新人道主义伦理思想研究 ［M］. 北京：人民出版社，2011.

方幸福. 幻想彼岸的救赎——弗洛姆人学思想与文学 ［M］. 北京：中央编译出版社，2014.

许惠芬. 埃利希·弗洛姆类伦理思想研究 ［M］. 北京：中国社会科学出版社，2015.

张夺. 社会批判与人文关怀——弗洛姆自由思想研究 ［M］. 北京：中国社会科学出版社，2016.

陈默. 弗洛姆爱的伦理思想研究 ［M］. 北京：中国社会科学出版社，2017.

复旦大学哲学系现代西方哲学研究室. 西方学者论《一八四四年经济学—哲学手稿》［M］. 上海：复旦大学出版社，1983.

衣俊卿. 西方马克思主义概论 ［M］. 北京：北京大学出版社，2008.

［美］卡伦·霍尼. 我们内心的冲突 ［M］. 王作虹，译. 南京：译林出版社，2015.

［美］卡伦·霍尼. 我们时代的神经症人格 ［M］. 冯川，译. 南京：译林出版社，2015.

［美］卡伦·霍尼. 自我分析 ［M］. 贾静，译. 南京：译林出版社，2016.

［美］卡伦·霍尼. 精神分析的新方向 ［M］. 梅娟，译. 南京：译林出版社，2016.

［美］卡伦·霍尼. 自我的挣扎［M］. 贾宁, 译. 南京: 译林出版社, 2017.

［英］安东尼·吉登斯. 现代性的后果［M］. 田禾, 译. 南京: 译林出版社, 2011.

［法］米歇尔·福柯. 疯癫与文明［M］. 刘北成, 杨远婴, 译. 北京: 生活·读书·新知三联书店, 2012.

［美］赫伯特·马尔库塞. 爱欲与文明［M］. 黄勇, 薛民, 译. 上海: 上海译文出版社, 2012.

［德］尼采. 查拉图斯特拉如是说［M］. 钱春绮, 译. 北京: 生活·读书·新知三联书店, 2014.

［美］梯利. 西方哲学史［M］. 葛力, 译. 北京: 商务印书馆, 2015.

［瑞士］卡尔·古斯塔夫·荣格. 寻求灵魂的现代人［M］. 陈美锦, 译. 南京: 江苏凤凰文艺出版社, 2017.

［美］亨利·戴维·梭罗. 瓦尔登湖［M］. 仲泽, 译. 成都: 四川文艺出版社, 2017.

［英］莎拉·贝克韦尔. 存在主义咖啡馆: 自由、存在和杏子鸡尾酒［M］. 沈敏一, 译. 北京: 北京联合出版公司, 2017.

［英］戴维·麦克莱伦. 马克思以后的马克思主义［M］. 3 版. 李智, 译. 北京: 中国人民大学出版社, 2016.

［法］路易·阿尔都塞. 保卫马克思［M］. 顾良, 译. 北京: 商务印书馆, 2016.

[美] 大卫·哈维. 资本社会的 17 个矛盾 [M]. 许瑞宋, 译. 北京: 中信出版集团股份有限公司, 2017.

外文部分:

Erich Fromm. Escape from Freedom [M]. New York: Rinehart & Co., 1941.

Erich Fromm. Man for Himself: An Inquiry into the Psychology of Ethics [M]. New York: Holt, Rinehart and Winston, 1947.

Erich Fromm. Psychoanalysis and Religion [M]. New York: Yale University Press, 1950.

Erich Fromm. The Forgotten Language: An Introduction to the Understanding of Dreams, Fairy Tales, and Myths [M]. New York: Holt, Rinehart and Winston, 1951.

Erich Fromm. The Sane Society [M]. New York: Rinehart & Co., 1955.

Erich Fromm. The Art of Loving [M]. New York: Harper & Brothers, 1956.

Erich Fromm. Sigmund Freud's mission: An analysis of his personality and influence [M]. New York: Harper & Brothers, 1959.

Erich Fromm. Zen Buddhism and Psychoanalysis [M]. New York: Harper & Row, 1960.

Erich Fromm. May Man Prevail? An Inquiry into the Facts and

Fictions of Foreign Policy [M] . New York: Doubleday & Co. , 1961.

Erich Fromm. Marx's Concept of Man: Including 'Economic and Philosophical Manuscripts' [M] . New York: Frederick Ungar Publishing Co. , 1961.

Erich Fromm. Beyond the Chains of Illusion: My Encounter with Marx And Freud [M] . New York: Simon & Schuster, 1962.

Erich Fromm. The Dogma of Christ and Other Essays on Religion, Psychology and Culture [M] . New York: Holt, Rinehart and Winston, 1963.

Erich Fromm. The Heart of Man: Its Genius for Good and Evil [M] . New York: Harper & Row, 1964.

Erich Fromm. You Shall Be as Gods: A Radical Interpretation of the Old Testament and Its Tradition [M] . New York: Holt, Rinehart and Winston, 1966.

Erich Fromm. The Revolution of Hope: Toward a Humanized Technology [M] . New York: Harper & Row, 1968.

Erich Fromm. The Crisis of Psychoanalysis: Essays on Freud, Marx and Social Psychology [M] . New York: Holt, Rinehart and Winston, 1970.

Erich Fromm. Social Character in a Mexican Village: A Sociopsychoanalytic Study [M] . Englewood Cliffs, N. J. : Prentice-Hall, 1970.

Erich Fromm. The Anatomy of Human Destructiveness [M] . New

York: Holt, Rinehart and Winston, 1973.

Erich Fromm. To Have or To Be? [M] . New York: Harper & Row, 1976.

Erich Fromm. Greatness and limitations of Freud's Thought [M] . New York: The Seabury Press, 1981.

Erich Fromm. On Disobedience and Other Essays [M] . New York: Harper & Row, 1980.

Rainer Funk. Erich Fromm: The Courage to Be Human [M] . New York: Continuum, 1982.

Rainer Funk. Erich Fromm: His Life and Ideas [M] . New York: Continuum, 2000.

Daniel Burston. The Legacy of Erich Fromm [M] . Cambridge: Harvard University Press, 1991.

Lawrence Wilde. Erich Fromm and the Quest for Solidarity [M] . New York: Palgrave Macmillan, 2004.

Annette Thomson. Erich Fromm: Explorer of the Human Condition [M] . New York: Palgrave Macmillan, 2009.

Lawrence J. Friedman. The Lives of Erich Fromm: Love's Prophet [M] . New York: Columbia University Press, 2013.

Kieran Durkin. The Radical Humanism of Erich Fromm [M] . New York: Palgrave Macmillan, 2014.

Seyed Javad Miri, Robert Lake and Tricia M. Kress (Eds.) . Reclaiming the Sane Society: Essays on Erich Fromm's Thought [M] . Rotterdam: Sense Publishers, 2014.

Joan Braune. Erich Fromm's Revolutionary Hope: Prophetic Messianism as a Critical Theory of the Future [M] . Rotterdam: Sense Publishers, 2014.

John R. Ehrenfeld. Being and Havingness [J] . Forum for Applied Research & Public Policy, 2000, 15 (4) .

Zeno Gozo. The Modern Man between Existence and Possession [J] . Philobiblon: Transylvanian Journal of Multidisciplinary Research in Humanities, 2013, 18 (2) .

Maria A. Carrasco, Usama Bilal. A sign of the times: to have or to be? Social capital or social cohesion? [J] . Social Science & Medicine, 2016, 159.

后　记

　　本书在我博士论文的基础上修改而成，是国内第一部研究弗洛姆人的生存方式理论的专著。由于学力有限，不足之处在所难免，恳请各位读者批评指正。希望这本书能够为后来的研究者提供一些有益的借鉴。在此书即将付梓之际，我想说一些感谢的话。

　　感谢我的导师冯颜利老师！学术上的指导，我就不说了，因为1+1=2的事情，也无须多说。一切感谢的话，在我对冯老师的感激面前，都是那么苍白无力。我实在想不出用什么词语能够足分量表达我对冯老师的感激之情。如果非得用一个词来表达的话，那么，我会选择"再造之恩"。从2011年至2017年，我一直在考博。我清晰地记得，因为2017年南大考博失利后，我的情绪已经接近崩溃。我绝望了，既看不到任何希望，又不甘心放弃。就在此时，我接到了社科院的面试电话。冯老师从众多过线的学生之中挑中了我，使我得以进入社科领域的最高殿堂继续深造。当初，如果不是冯老师收我，又哪能有我的现在！如果没有我的现在，又哪能有我的将来！

尽管我也不知道我的未来会怎样，但我一定不会放弃努力。谢谢您，冯老师！您的再造之恩，我将一生铭记！

感谢我的父母！没有你们的支持，哪可能有我如今的一些成绩！可惜我一路求学，至今也没能满足你们抱孙子的愿望。

感谢我未来的妻子！虽然你给了我过于漫长的等待，可你也给了我无限的期待！本想在年轻的时候遇到你，可是为时已晚，希望你在见到我时，不要嫌弃我的苍老。

如今，我已入职贸大一年有余，这是一个崭新的开始。我将怀揣敬畏之心与感恩之心继续前行。我希望在独善其身的同时，也能够兼善天下，为国家和民族做一些力所能及的事。